光明行系列丛书

回归与融入

北京市监狱管理局
北京市戒毒管理局 编著

中国政法大学出版社

2025·北京

声　明　1. 版权所有，侵权必究。
　　　　2. 如有缺页、倒装问题，由出版社负责退换。

图书在版编目（CIP）数据

回归与融入 / 北京市监狱管理局，北京市戒毒管理局编著. -- 北京：中国政法大学出版社，2025.3. -- ("光明行"系列丛书). -- ISBN 978-7-5764-1986-3

Ⅰ. D926.7

中国国家版本馆 CIP 数据核字第 2025NS3774 号

书　名	回归与融入 HUIGUI YU RONGRU
出版者	中国政法大学出版社
地　址	北京市海淀区西土城路 25 号
邮　箱	bianjishi07public@163.com
网　址	http://www.cuplpress.com（网络实名：中国政法大学出版社）
电　话	010-58908466(第七编辑部) 010-58908334(邮购部)
承　印	北京中科印刷有限公司
开　本	720mm×960mm　1/16
印　张	15
字　数	220 千字
版　次	2025 年 3 月第 1 版
印　次	2025 年 3 月第 1 次印刷
定　价	62.00 元

第一版编委会

顾　　　问：范方平　吴佑寿　刘　恒　舒　乙
　　　　　　于　丹　洪昭光　韩玉胜　刘邦惠
　　　　　　章恩友　张远煌　周建武
编委会主任：于泓源
副　主　任：孙超美　魏书良
编　　　委：蔡燕森　张冠群　张志明
　　　　　　宋建国　何中栋　杜文亮
总　策　划：魏书良
策　　　划：王海峰　杨维庆
丛书统筹：李春乙

分册主编：刘卫丹
副　主　编：黄小亮（特邀）　梁金栋　李天发
分册统筹：潘星月
编　　　辑：杨　畅　董　亮　关　伟　卢　雷

修订版编委会

顾　　　问：秦　宣　章恩友　林　乾　元　轶
　　　　　　刘　津　许　燕　马志毅　杨　光
　　　　　　吴建平　巫云仙　金大鹏
编委会主任：禹　冰
副　主　任：崔　冰　何中栋（常务）
编　　　委：林仲书　戴志强　董世珍　徐长明
　　　　　　王　宏　赵　跃　徐万富　赵永生
总　策　划：何中栋
执 行 策 划：尉迟玉庆
策　　　划：曹广健　马　锐　练启雄　李春乙
丛 书 统 筹：秦　涛

分 册 主 编：孙彦辉
副　主　编：史殿国（特邀）　晁文轩
分 册 统 筹：万智英
作　　　者：高德贵　刘耀祖　刘金见　关　伟

修订版总序

教材是传播知识的主要载体，体现着一个国家、一个民族的价值观念体系。习近平总书记指出："紧紧围绕立德树人根本任务，坚持正确政治方向，弘扬优良传统，推进改革创新，用心打造培根铸魂、启智增慧的精品教材。"监狱作为教育人、改造人的特殊学校，更加需要一套科学系统的精品教材，洗涤罪犯灵魂，将其改造成为守法公民。多年来，首都监狱系统在"惩罚与改造相结合、以改造人为宗旨"的监狱工作方针指导下，始终坚持用心用情做好教育改造罪犯工作，秉持以文化人、以文育人理念，于2012年出版了北京市监狱管理局历史上第一套罪犯教育教材——"光明行"系列丛书，旨在用文化的力量，使人觉醒、催人奋进、助人新生。

丛书自问世以来，得到了司法部、北京市委政法委、市司法局等上级机关和领导的充分肯定，获得了范方平、舒乙、洪昭光等知名专家的高度评价，受到了全国监狱系统同行的广泛关注，得到了罪犯的普遍欢迎，成为北京市监狱管理局科学改造罪犯的利器。这套丛书获得了多项荣誉，2012年被国家图书馆和首都图书馆典藏，《道德与践行》被中央政法委、北京市委政法委列为精品书目，《健康与养成》获得了"全国中医药标志性文化作品"优秀奖等。"光明行"系列丛书已经成为北京市监狱管理局罪犯改造体系的重要组成部分，成为北京市监狱管理局的一张名片，为全面提升罪犯改造质量发挥了重要作用。

党的十八大以来，以习近平同志为核心的党中央高度重视监狱工作，习近平总书记多次作出重要指示，为监狱工作提供了根本遵循，指明了前进方向。特别是随着中国特色社会主义进入新时代，社会主要矛盾发生根本转变，经济生活发生巨大变化，社会形势发生重大变革，全党确立习近平新时代中国特色社会主义思想，提出了一系列治国理政的新理念、新思想、新战略，取得了举世瞩目的成就。近年来，随着刑事司法领域全面深化改革的逐步推进，国家相关法律和监狱规章发生较大调整，监狱押犯构成发生重大变化，监狱机关面临新形势、新任务、新挑战，需要我们与时俱进，守正创新，在罪犯改造的理论体系、内容载体、方式手段，以及精准化水平等方面实现新的突破，以适应新的改造需要。在这样的背景下，北京市监狱管理局以"十个新突破"为指引，正式启动对"光明行"系列丛书的修订改版，进一步丰富完善罪犯教育教材体系，推动教育改造工作走深、走精、走活、走实。

本次修订对原有的《监狱与服刑》《道德与践行》《法律与自律》《劳动与改造》《心理与心态》《回归与融入》6本必修分册，以及《北京与文明》《信息与生活》《理财与规划》《健康与养成》4本选修分册进行更新完善，同时新编了一本《思想与政治》必修分册，以满足强化罪犯思想政治教育、树立"五个认同"的现实需要，使得丛书内容体系更加科学完善。

新修订的"光明行"系列丛书共计160余万字，展现出以下四大特点：一是反映时代特征。丛书以习近平新时代中国特色社会主义思想为指导，反映十几年来社会发展和时代进步的最新成果，将中央和司法部对监狱工作的新思路、新要求融入其中，特别是坚持同中国具体实际相结合，同中华优秀传统文化相结合，对理论及内容进行更新，充分展现"四个自信"。二是彰显首善标准。丛书总结这十几年来北京市监狱管理局改造工作经验，将"十个新突破"及教育改造精准化建设的最新要求融入其中，体现了市局党组和全局上下的使命担当和积极作为，反映了首都监狱改造工作取得的成绩和经验，展现了首都监狱工作的特色和水平。三是贴近服刑生活。丛书立足监狱工作实际，紧扣服刑、改造、生活、回归等环节，贯穿服刑改造全过程，摆事实、讲道理、明规矩、正言行，既供罪犯阅读，也供民警讲授，对罪犯有所启发，使其有所感悟，帮助罪犯解决思想和实际问题。四是适合罪犯学习。丛书更新了大量具有时代性和典型性的故事和事例，以案析理、图文并茂，文字表述通俗易懂、简单明了，每个篇章新增了阅读提示、思考题以及推荐书目和影视作品，使罪犯愿意读、有兴趣、能读懂、易接受，将思想教育做到潜移默化、润物无声。

本次修订改版从策划编写到出版问世，历时一年，经历了内容调研、提纲拟定、样章起草、正文撰写、插图设计、统稿审议、修改完善和出版印刷等大量艰辛繁忙的工作。丛书修订得到了各级领导的大力支持和悉心指导，参与社会专家达到21人，参与编写的监狱民警80余人，组织召开各类会议130余次，问卷调查涉及罪犯1800余人次，投入经费200万元。我们还荣幸地邀请到秦宣、章恩友、马志毅、金大鹏、林乾、吴建平、元轶、刘津、许燕、杨光、巫云仙等知名专家担任顾问，加强指导、撰写序言、提升规格、打造精品。希望广大罪犯珍惜成果、加强学习、认真领悟、真诚悔过、自觉改造，早日成为有益于社会的守法公民。

在此，谨向付出艰辛劳动的全体编写人员致以崇高敬意，向支持帮助丛书编写出版的同志们及社会各界人士表示衷心的感谢！由于时间和水平有限，难免存在疏漏和不足之处，欢迎批评指正。

"光明行"系列丛书编委会
2025年1月

分 序

《左传》里有这样一句话："人谁无过？过而能改，善莫大焉。"服刑人员要对这句话细细体悟，切实感受到犯罪行为对受害者的伤害和对社会的危害；更重要的是，要认真省己思过，认罪服法。

北京市监狱管理局组织编写的《回归与融入》第一版面世后，在广大读者中，特别是在服刑人员和即将刑满释放人员中引发了强烈反响，因为他们中的很多人面临着人生的又一大考验，那就是他们即将走出监狱，重新步入社会。此时此刻，他们最需要什么呢？我想引用《论语·子罕》中的另一句话来概括："知者不惑，仁者不忧，勇者不惧。"这句话给我们的启示是，首先要使刑满释放人员深刻认识到自己的错误，树立正确的价值观，自觉遵守法律法规，彻底矫正其行为，巩固教育改造成果，进一步完成再社会化，直至重返社会。

《回归与融入》第一版之所以能够取得良好的社会效果，我认为其中的重要原因是，这本书为刑满释放人员提供了心理支持、精神慰藉，同时传授并强化了必要的知识与技能，这不仅使他们感受到了社会的温暖、家人亲友的关爱和同事的支持，还极大地增强了他们重新做人的自信心和勇气，有效地降低了他们重新犯罪的风险，鼓励了他们以积极的心态迎接崭新的生活，从而为社会的和谐稳定创造良好的条件。

习近平总书记在《坚定不移走中国特色社会主义法治道路为全面建设社会主义现代化国家提供有力法治保障》一文中指出，"法治建设既要抓末端、治已病，更要抓前端、治未病"，"要推动更多法治力量向引导和疏导端用力，完善预防性法律制度"，"充分发挥共建共治共享在基层的作用，推进市域社会治理现代化，促进社会和谐稳定"。中共中央印发的《法治中国建设规划（2020—2025年）》要求"完善监狱、看守所与社区矫正和安置帮教机构之间的工作对接机制"。为落实党中央的决策部署，全国监狱机关和社会各界人士付出了长期艰苦的努力，也取得了令人欣慰的成效。如近年来，北京市监狱管理局针对不同类型、不同恶习的服刑人员先后开展了个体心理咨询、团体咨询，有效促进了服刑人员的心理健康；积极地研发推广了"愤怒控制""积极行为养成"等改造项目；通过兴趣小组、特色文化教育等方式，以文化人，激发服刑人员的改造积极性。

《回归与融入》修订版在第一版的基础上，完善了对刑满释放人员的教育中心平台，进一步充实了回顾反思、心态调整、未来规划、和谐人际、求职创业、生活保障、品味生活、自我警醒等八大课题，实现了"一个平台、全域共享"的资源覆盖，切实提升了教育改造的效能，用真情探索教育改造手段、丰富教育改造内容、拓宽教育改造途径，引导刑满释放人员以全新的面貌回归家庭、重新融入社会。

"明敬笃行，止于至善。"《回归与融入》修订版更加注重对刑满释放人员的思想教育，坚持培育和弘扬社会主义核心价值观，进一步对刑满释放人员加强中华优秀传统文化教育、法治教育和认罪悔罪教育，促进刑满释放人员深刻反省自己的犯罪行为，增强认罪悔罪意识，涵养思想和人格，对新生活树立更强的信心。

《回归与融入》修订版更加关注刑满释放人员的现实困难，着力激发和巩固他们的改造内生动力，用亲切感人的话语，向读者讲述了这样一个道理，那就是：生命的坚韧，在于心中始终有一种不被冷酷现实打垮的精神。每一次的跌倒都是为了更好地站起。无论顺境逆境，都要靠自己勤劳的双手去创造生活，让心灵回家。刑满释放人员完全可以拥有自己的"飞驰人生"。

最后，还想用先秦诸子的《尚书·虞书·皋陶谟》里的一段话和大家共勉。古人说："宽而栗，柔而立，愿而恭，乱而敬，扰而毅，直而温，简而廉，刚而塞，强而义。"它提示我们，做人要宽厚而庄重，温和而有主见，讲原则而谦逊有礼，聪明能干而敬业，善于变通而有毅力，正直而友善，直率而有节制，刚强而务实，勇敢而符合道义。这虽然是几千年前皋陶提出的九种道德标准，但是今天看来，对我们现代人的修身治世仍有一定的借鉴意义。让我们从现在做起，从身边的每一件小事做起，坚定做人的正确立场；妥善处理好人际关系，真正赢得社会的尊重和帮扶；树立良好的道德规范，自觉尊法、学法、守法、用法，做一名新时代的法律明白人，共建人人安居乐业、家家和睦幸福、社会和谐稳定的光明乐园。

中国政法大学制度学研究院教授 马志毅

2024 年 11 月 26 日

目 录

第一篇　回顾反思 .... / 001
 第一节　再思"改造六问" .... / 003
 第二节　再查犯因问题 .... / 006
 第三节　再算"三笔账" .... / 009
 第四节　回顾反思之义 .... / 015

第二篇　心态调整 .... / 019
 第一节　走出迷茫和彷徨 .... / 021
 第二节　走出浮躁和急躁 .... / 027
 第三节　正视坎坷和磨难 .... / 034
 第四节　好心态，新自我 .... / 039

第三篇　未来规划 .... / 051
 第一节　重建自信，勇往直前 .... / 053
 第二节　明确目标，合理规划 .... / 059
 第三节　少说空话，多做实事 .... / 066
 第四节　珍惜时间，少留遗憾 .... / 071

第四篇　和谐人际 .... / 077
 第一节　亲情无价，温暖永存 .... / 079
 第二节　友情可贵，真诚体贴 .... / 084
 第三节　芳邻如酒，愈久愈醇 .... / 089

第四节　待人接物，尊重为先　　　　　　　／094
   第五节　感恩之心，奉献之心　　　　　　　／098

第五篇　求职创业　　　　　　　　　　　　　／107
   第一节　积极做好就业准备　　　　　　　　／109
   第二节　掌握就业主动权　　　　　　　　　／119
   第三节　如何自主创业　　　　　　　　　　／126
   第四节　解读失业保险政策　　　　　　　　／134

第六篇　生活保障　　　　　　　　　　　　　／141
   第一节　如何办理落户　　　　　　　　　　／143
   第二节　如何申请低保　　　　　　　　　　／146
   第三节　医疗保障为健康护航　　　　　　　／150
   第四节　养老政策解人忧　　　　　　　　　／155
   第五节　住房与出行　　　　　　　　　　　／158
   第六节　便民服务　　　　　　　　　　　　／164

第七篇　品味生活　　　　　　　　　　　　　／169
   第一节　书香雅韵　　　　　　　　　　　　／171
   第二节　学海无涯　　　　　　　　　　　　／177
   第三节　休闲逸致　　　　　　　　　　　　／181
   第四节　体悟健康　　　　　　　　　　　　／190
   第五节　走进山水　　　　　　　　　　　　／196

第八篇　自我警醒　　　　　　　　　　　　　／201
   第一节　敬畏法律，遵守道德　　　　　　　／203
   第二节　大处着眼，小处着手　　　　　　　／207
   第三节　失之东隅，收之桑榆　　　　　　　／211
   第四节　损友易取，益友难得　　　　　　　／214
   第五节　重拾诚信，笑对生活　　　　　　　／219

第一篇 回顾反思

反省是一面镜子，它能把我们的问题清楚地照出来，让我们有机会去改正。清代申居郧在《西岩赘语》说过："只一自反，天下没有不可了之事。"意思是说只要经常自我反省，严格要求自己，天下什么事情都可以解决。

【阅读提示】

1. 反思犯因问题解决情况，对于没能彻底解决的问题，进行强化改造。

2. 清算犯罪危害的"三笔账"，牢记代价、汲取教训，自觉远离违法犯罪。

3. 巩固"改造六问"效果，不断改进自身缺点和不足，为回归社会做好准备。

第一节　再思"改造六问"

> 不自反者,看不出一身病痛;不耐烦者,做不成一件事业。
>
> ——金缨

你是什么人?这是什么地方?你来这里干什么?你要改什么?你要怎么改?你改得怎么样?这是入监教育期间就开始接触和思考的"改造六问"。我们以"改造六问"为起点,深挖犯因问题,制定改造计划,积极投入改造生活,不断促进自我转变,全面评估改造效果,再次反思"改造六问"。通过深刻反思,回顾与总结服刑改造的得与失,继续查漏补缺,持续积极改变,将改造效果落实到行动上,明确今后做什么人,走什么路。

【案例链接】

王某,酒后殴打妻子,并将劝阻的岳母打伤致死,因犯故意伤害罪,被判处有期徒刑20年。妻子与他离婚,儿女与他断绝关系,他也一直未得到家人谅解。临近释放,他感到非常紧张和焦虑,渴望能够化解与家人的隔阂与矛盾。民警了解到他的情况后,对其开展亲情修复和回归指导。他深刻反思了自身的罪行给家人带来的伤害,主动给自己的儿女写道歉信,表达对无法照顾儿女成长的愧疚,希望出狱后儿女能够原谅和接纳他。同时,民警积极与其儿女联系,从法、理、情三方面进行沟通,说服王某儿女同意照顾王某,解除了王某的焦虑和担心。

罪犯来到出监教育中心,意味着即将走出监狱,回归社会,开始新的生活。在这个阶段,每个人要为顺利回归做好各项准备,尤其要深刻反思应该汲取哪些教训？如何弥补犯罪造成的损失？如何修复亲情？自身还存在哪些不足？与社会守法公民还存在哪些差距？如何尽快实现向社会守法公民的转变？

【案例链接】

李某因犯寻衅滋事罪，被判处有期徒刑4年。在服刑改造期间，他认识到愤怒失控和哥们义气的危害，学会了控制情绪和远离损友。通过回顾与反思，他意识到了自己的行为给被害人身心造成了巨大伤害，发自内心地给被害人写了一封道歉信，真诚表达歉意，并且承诺出去后积极履行法院判决的民事赔偿，尽力挽回自身犯罪对被害人造成的损失。

李某通过再思"改造六问"，对犯罪危害和犯因问题有了更深的认识，并付诸实际行动弥补犯罪造成的损失，进一步巩固了教育改造成果。

出监教育阶段，我们对罪犯的改造过程进行系统回顾，对犯因问题改造效果进行再评估，特别是通过反思筛查出来的未彻底解决和漏筛的问题，制定有针对性的出监教育计划，抓紧时间进行弥补和改进，确保罪犯能够彻底改正错误避免再次犯罪，真正将改造成果落实到今后的生活中。

【案例链接】

孙某因犯敲诈勒索罪，被判处有期徒刑10年，错过了儿子成长的关键期。妻子既要工作挣钱养家糊口，又要照顾老人、教育孩子，独自承担家庭重担。孙某常常懊悔不已，看着妻子受苦受累，他却束手无策。经过民警教育引导，孙某意识到自己虽不能陪在妻

子孩子身边,帮助他们,但可以通过写信、会见、打电话,给妻子精神鼓励和支持,缓解妻子的压力。他利用出监教育学习到的创业知识,结合他家乡山清水秀适合旅游的特点,制定了出狱后创办农家乐的计划书,并得到了家人的理解和支持,用实际行动弥补犯罪对家庭的伤害。

通过开展"改造六问"再反思,我们要再次审视犯因问题,牢记犯罪危害,深刻汲取教训,调整好自己的心态,了解社会发展形势,积极参加出监课程和改造项目,进一步总结服刑得失,巩固改造成绩,提高社会适应能力,为回归社会开始新生活做好充分的准备。

思考题

1. 通过再思"改造六问",你有什么感受和收获?
2. 为了挽回犯罪行为造成的损害,你采取了哪些行动?

第二节 再查犯因问题

犯因问题是指那些在犯罪过程中起到推动作用的主客观因素。解决犯因问题是罪犯在服刑改造期间的重要目标和任务。罪犯忽视犯因问题的解决、解决得不彻底或者没有解决，会直接给出狱后的生活埋下再犯罪的隐患，甚至付出生命的代价。

【案例链接】

郭某某，因犯故意伤害罪被判处死刑。2020年3月14日，刚刚出狱7个月的郭某某，在东城区某超市内对一名72岁的老人大打出手，最终导致老人颅脑损伤，医治无效去世。2021年1月29日，北京市第二中级人民法院以故意伤害罪判处郭某某死刑，剥夺政治权利终身，并与其之前所犯故意杀人罪恢复执行的无期徒刑，剥夺政治权利终身并罚，决定执行死刑，剥夺政治权利终身。2022年3月2日，北京市第二中级人民法院依照法定程序对郭某某执行死刑。

郭某某在服刑改造期间，投机改造，骗取减刑，忽视犯因问题的查找和解决，带"病"回到社会。偏执、暴躁、易怒等犯因性问题，最终把他送上了不归路。因此，每个人都要高度重视自身犯因问题的查找和改正，只有将犯因问题彻底解决了，培养自觉学法、用法、守法的良好习惯，才能远离犯罪行为，真正开启崭新的生活。

【案例链接】

刘某，因犯故意伤害罪先后4次被判刑入狱。每次出狱他都下定决心要管住自己，可遇事总是控制不住，为此他很苦恼，却不知道问题出在哪里。在出监教育期间，民警发现他倾向于外归因，看不到自己的问题。经过民警的引导，刘某再次查找犯因时，发现自身脾气暴躁和崇尚暴力等问题在前期的筛查中被忽视了。刘某参加了监狱组织的愤怒控制改造项目，学会了用科学的方法控制情绪，并用合理合法的方式解决问题，打消了出狱后想用暴力讨债的错误想法，有力降低了再犯罪风险。

出监教育阶段，每个人都应该对自身犯因问题进行再次筛查，对比既往犯因筛查情况，查漏补缺，确保犯因问题查找更准确，解决更彻底，并在此基础上进行全面评估和分类。对于那些彻底解决了的犯因问题，要继续巩固有效的做法；对于那些没有完全解决的犯因问题，需要在出监教育期间进一步解决，力求彻底解决，不留隐患；对于再筛查中新发现的犯因问题要高度重视，集中精力解决好，如果短时间内无法彻底解决，就需要制定并落实预防性措施，避免再次违法犯罪。

【案例链接】

赵某，因犯非法吸收公众存款罪被判处有期徒刑4年。被捕前他是名从事互联网网站建设和维护的技术人员，帮助朋友建设了一个集资平台，并负责后期维护，收取相关费用。后来他的朋友利用这个平台从事犯罪活动，赵某因此被判刑。赵某起初认为自己只是提供技术支持，没有直接从事犯罪活动，不应被判那么重。后来，他参加了监狱组织的法律讲堂，改变了对法律的错误认识。他在剖析犯因时写道："互联网不是法外之地，不懂法不应成为犯罪的理由，法律学习是一辈子的事，遇事找法是最应坚持的好习惯，自觉增强守法意识，把法律底线作为做任何事情的底线，才能确保自己不再违法犯罪。"

在经历了入监教育和常规教育后，每个人前期查找的多数犯因问题或多或少得到了解决。出监教育期间，每个人要针对自身犯罪特点进行反思。比如，暴力类的能否控制自己的情绪？财产类的能否抵御金钱的诱惑？有吸毒史的能否克服心瘾，保持戒毒操守？此外，要特别注意把改造成果融入现实生活之中。

【案例链接】

　　李某因犯故意伤害罪被判处有期徒刑 2 年。他性格暴躁，容易冲动，喜欢打架，曾因打架斗殴 4 次入狱。在出监教育期间，他多次因琐事和他人发生争执。通过参加监狱组织的愤怒控制改造项目学习，李某掌握了控制愤怒的方法，直到释放也未与他人发生冲突行为。李某回到社会后，因在倒垃圾过程中被邻居老人碰了一下，两人发生争执。李某怒火上升，产生打人冲动，立即使用之前学过的"深呼吸"和"事先思考"方法，有效遏制住了愤怒情绪，收回了举起的拳头，避免了再次暴力犯罪。

　　李某出狱后，主动将愤怒控制改造项目的成果延续到日常社会生活中，遇到激惹事件，能够及时启动愤怒控制链和科学制怒方法，遏制住即将失控的愤怒情绪，避免了愤怒失控引发的暴力攻击事件。李某的做法值得每个罪犯学习与反思。

思考题

1. 从郭某某的案件中，你吸取了什么教训？
2. 如何确保犯因问题得到彻底解决？

第三节 再算"三笔账"

> 凡作事,将成功之时,其困难最甚。行百里者半九十,有志当世之务者,不可不戒,不可不勉。
>
> ——梁启超

犯罪不仅影响国家、社会的安全和稳定,也给家庭和个人带来损失和伤害。出狱之前,每个人都应该重新算算犯罪的"三笔账":社会危害账、经济损失账和亲情伤害账。算算自己的犯罪行为给社会、他人和自身造成的损失和伤害,想想如何积极采取行动来弥补,同时时刻警示自己,牢记教训,不再违法犯罪。

社会危害账

社会危害性是犯罪行为的最基本特征,实施犯罪行为既危害国家和社会,也危害个体,具有多重的社会危害性。罪犯要深刻理解犯罪的社会危害性,彻底认清自己犯罪行为的多重危害,并积极采取实际行动,最大限度弥补损失,挽回不良影响。

【案例链接】

吴某,因犯诈骗罪被判处有期徒刑10年,谎称自己能够帮助分数不够的高考学生，花钱找关系上军校，诈骗考生家长 140 余万元。起初他没有认识到犯罪行为的危害性，肤浅地认为事没办成是中间人出问题，不是自己的问题。在民警的教育引导下，吴某通过学习法律知识，对犯罪行为的多重危害性有了全面深刻的认识：自己的行为不仅诈骗了家长钱财，而且破坏了公平竞争的法治环境，助长了花钱请托的歪风邪气。吴某重新写出了认罪悔罪书，主动联系自己的家属，协商财产刑执行问题，并列出了履行财产刑偿还计划，最大限度减少被害人的损失。

出监教育阶段的再算账，不仅要加深思想认识，更要积极采取行动，弥补犯罪造成的损失。上述案例中吴某的做法是值得大家学习的。每个罪犯都要认真思考犯罪行为对社会的多重危害，采取有效措施去尽量挽回损失。

经济损失账

鲁迅在《娜拉走后怎样》的演讲里说："自由固不是钱所能买到的，但能够为钱而卖掉。"这句话揭示了金钱与自由的关系，提醒我们要正确认识自由与金钱，要珍惜自由，不能为了金钱出卖自由。许多罪犯就是因为金钱而出卖了自由，被眼前小利所迷惑，自以为占到便宜，算不清自身的经济损失账。

【案例链接】

王某，因犯盗窃罪被判处有期徒刑 1 年 6 个月，多次入室盗窃，共获得赃款 2000 元。他觉得无所谓，有吃有喝，就当是进来歇脚了，也没什么损失。在民警的指导下，他算了一笔经济账，赃款2000元平均到每个月收益为111元，平均到每天收益是3.7元。如果没有犯罪服刑，而是找一个普通的工作，按照北京市2024年最低工资标准2420元计算，18个月应有43 560元的收益，平均到每天有81元的收入，犯罪所得连正常收入的零头都不到。况且，他在18个月的监狱生活中，不仅失去了自由，还要负担每个月在监狱内采买日常生活用品的费用，无形中增加了家庭的经济负担。出狱后，他失去的不仅是合法工作可预期的4万多元收益，更多的是失去了人生的发展机会。

王某经过计算经济损失账，感叹自己以前就是没想明白，算的就是一笔糊涂账。现在彻底醒悟了，他主动找到民警表示想学习一些职业技能，学点真本事，出去后找个正当的工作，凭劳动养活自己，不再干违法犯罪的事了。

在当今社会，我们只要勤劳、肯吃苦，都能找到适合自己的工作岗位，获得相应的劳动报酬，过上稳定的生活。但是，如果判刑入狱，不仅会损失未来预期的经济收益，而且会失去职业发展的机会。如果案件涉及赃款收缴、罚金、民事赔偿，那么罪犯的经济损失会更大，甚至影响到出狱后的征信和生活。

【案例链接】

李某，因犯诈骗罪被判处有期徒刑5年，并处赔偿经济损失和罚金合计60余万元。随着释放日期的临近，还款成为他的一块心病，不履行完财产刑，会影响到将来的社会征信，想到这他就吃不下饭，睡不好觉。经过民警的教育引导，李某主动与母亲商议将家里闲置的一套房产出售，用来履行财产刑，及时补偿受害人经济损失，剩余款项也留作出狱后的生活费用，解决了后顾之忧。

一个人如果不珍惜自由和生命，一味地追求金钱而放纵自己，违背良知、触犯法律，那么终将成为金钱的奴隶，甚至落入牢笼。

亲情伤害账

犯罪行为同样也给罪犯的家庭和亲人造成无法弥补的伤害。父母辛苦把儿女抚养大,希望儿女健健康康、平平安安地生活,时常陪伴左右。妻儿和我们在一起,不希望看到一道围墙、一张电网,将彼此分隔得很远,而是希望与我们日日相伴,夜夜相随。由于犯罪失去自由、身陷囹圄,罪犯无法照顾家庭,无法孝敬父母,无法教育孩子,将会留下一生的遗憾。

【案例链接】

刘某,61岁,因犯诈骗罪被判处有期徒刑12年。刘某的父亲95岁了,身体也不好,无法来现场会见。每月给父亲拨打亲情电话,听听父亲的声音,成为刘某最大的期盼。

刘某非常担心父亲的身体情况,后悔由于自身的犯罪行为,给父亲造成巨大伤害,自己也饱受心理煎熬。民警得知情况后,教育他只是认识到伤害了亲情是不够的,要采取积极行动去弥补。此后,刘某坚持每月与父亲通亲情电话,父亲在电话中反复叮嘱:"要认罪悔罪、好好改造,听民警的话,自己的身体越来越差,腿脚也不行了,出不去屋了,只能坐着轮椅行动了,希望能坚持到刘某被释放那一天……"刘某再也忍不住心中的愧疚,失声痛哭:"爸爸,我真的认识到自己的错误了,只怪自己财迷心窍,为赚点钱铤而走险、锒铛入狱。现在我每天都在反省,在监狱里也学会了做饭。还有一个多月就要回家了,您一定要坚持住。等我出去后,我就搬过去和您一起住,给您做饭,让我也尽尽孝心。我用12年的监狱生活证明了一件事,亲情才是最重要的,也算活明白了。爸爸,您一定要等我出去!"刘某在与民警谈话中表示,金钱不再是自己最想要的,亲情才是自己一直念念不忘的东西。

犯罪行为给亲人带来的伤害是不可估量的,刘某的案例再次警示大家,亲情才是一生最重要的依靠,要想家庭不受伤害,就要自觉远离犯罪。

【案例链接】

2009年11月12日,某公证处工作人员来到监狱,免费办理了张某委托王淑文老人担任张某女儿监护人的公证。公证仪式上,张某泣不成声,他连连向街道司法所、公证处的领导、监狱的民警和王淑文老人深深地鞠躬。他说:"只有积极改造,重新做人,才能报答政府和社会对他的挽救。"

张某因女儿是非婚生子女,没上户口,且无亲人监护,生活和求学都陷入了困境。张某看到《新生报》上地方政府帮助罪犯解决家庭困难的报道,就鼓起勇气给户口所在地的街道司法所写信请求帮助。

在司法所的不懈努力和教育局的积极关注下,张某的女儿顺利地由小学升入了中学。2010年元旦过后,又传来了好消息,不但孩子的户口解决了,而且司法所与民政局协商为孩子申请了5000元的特困补助,学校也减免了孩子3年的学杂费。为使孩子有一个温暖的家,张某的老邻居王淑文用爱心接纳了张某的女儿。公证仪式结束时,王淑文牵着张某女儿的手离开了,张某的眼睛再一次湿润了。这是欣慰的泪水,更是感恩的泪水。

由于张某犯罪入狱,其非婚生女儿无户口、无监护人,生活和上学陷入困境。关键时刻是监狱、地方政府和善良的邻居向张某伸出援手,帮助其解了燃眉之急。其实,对孩子来讲,父母的陪伴才是最重要的,而张某错失了陪伴孩子成长的机会,留下了终生的遗憾。

通过再算"三笔账",就是要使每个罪犯进一步认清犯罪危害,算清犯罪的成本。积极改造、牢记教训、关注亲情、遵纪守法、珍惜自由、学会感恩、回报社会。

思考题

1. 再算犯罪"三笔账",你有哪些新的认识和感受?
2. 结合自身实际,谈一谈犯罪的危害有哪些?

第四节　回顾反思之义

> 见贤思齐焉，见不贤而内自省也。
> ——《论语·里仁》

深刻再思"改造六问"、再查犯因问题和再算犯罪的"三笔账"，是每个人回顾服刑改造生活、巩固教育改造成果的重要形式，具有重要的意义。面对过去所犯的罪行，所走的弯路，所付出的艰苦努力，所取得的点滴成绩，每个人应该有深刻的感触，为了不重蹈覆辙，应该体味回顾反思的意义。

有利于巩固改造成绩

刑罚的目的，是通过一定时间的政治思想教育、文化教育、法制教育和劳动教育等，帮助罪犯实现积极的自我转变，重新回归社会。犯罪行为不仅直接侵害了受害者本身，更是对社会整体秩序造成了严重的危害和影响。通过回顾反思，罪犯可以认清自身行为的社会危害性，明白什么是可以做的，什么是不可以做的。这样才能巩固改造成绩，让自己今后的路越走越宽。

有利于正确自我定位

服刑期间，一些罪犯没有全面、系统、深入地重新认识自己。通过出监教育主题课程和改造项目，每个人需要进行重新的自我定位，利用这段时间进行回顾反思，再思"改造六问"，明确服刑的得与失、优与劣，既要看到自己的优势，坚定信心，勇于开辟自己的新生活，也要清楚自己的不足，扬长避短，不断提高自己的社会适应能力，做到志在远方，路在脚下，一步一个脚印向自己的理想迈进。

有利于融入社会环境

作为刑罚执行的最后一个环节、服刑生活的最后一站，出监教育有着特殊的职能和作用。它既是罪犯教育改造成果的检测站，也是培养回归社会能力的加油站，更是从监狱迈向社会新生活的中转站。通过回顾与反思，每个人总结评估犯因问题改造效果，找到与社会守法公民之间的差距，认识到存在的优势和不足，认清社会发展的大趋势，调整心态、主动而为，不断提高综合素质能力，尽快适应和融入社会。

有利于实现人生理想

出监教育包含社会形势、法律法规、心理健康、安置帮教、就业指导等内容，既促进了罪犯回顾反思，也为其释放后适应社会提供了基本的条件，而这些条件正是实现人生理想和走向成功的桥梁。要知道那些成功人士之所以成功，很多是因为他们懂得从失败中总结自己的得失，懂得从一切可以提高和丰富自己的机会中汲取有利于实现人生理想的养分。因此，每个人要充分利用出监教育，对过去进行回顾反思，对现在进行梳理，对未来进行展望与设计，让回归脚步走得更稳更实。

【延伸阅读】

一、北京市监狱管理局出监教育"十个必反思"

（1）以自己的犯罪为例，结合清算"三笔账"，犯罪的危害性有哪些？

（2）从郭文思、韩磊、王立华等重新犯罪的典型案例中，汲取到什么教训？

（3）回顾反思自己的服刑改造生活，自己的犯因性问题改得怎么样？有哪些得与失？

（4）如何正确看待劳动和金钱？什么是正确的劳动观和财富观？

（5）遇到冲突或纠纷时，怎样依法维护自身权利，正确履行义务？法律救济和法律援助的途径有哪些？

（6）面对出监后可能遇到的歧视或挫折，如何调适自己的心态？

（7）面对出狱后全新的社会生活，如何判别"真假"朋友，远离损友，净化自己的"朋友圈"？

（8）如何正确处理亲情关系、邻里关系？

（9）在以后的生活中，如何做到时时警醒自己不再犯罪？

（10）结合社会发展和自身实际，自己出监后的努力方向是什么？

二、"归途如虹"回归引导系统工程简介

2004年6月，北京市监狱管理局在北京市未成年犯管教所（以下简称未管所）成立出监教育中心，开始针对剩余刑期在3至4个月的罪犯开展集中出监教育工作。未管所始终以"回送守法公民，共筑平安北京"为目标，致力于帮助罪犯顺利回归社会，打造了"归途如虹"这一出监教育改造品牌。

"归途如虹"探索并构建了"1235"的工作模式，即一个目标："回送守法公民，共筑平安北京"；两项任务："提高适应能力、预防重新犯罪"；三项评估："心理测试、出监测评、再犯调查"；五个阶段："巩固改造成果、了解熟悉社会、提升回归技能、模拟适应社会、释放衔接入轨"。

结合罪犯回归社会后的就业创业需求，监狱积极开展就业指导、创业培训和用工推介等工作。同时，监狱引入社会力量协同育人，在"归途如虹"教育品牌的框架下，坚持需求导向，为罪犯开设了北京非遗、抖音剪映、网络主播、演讲口才、婚庆主持、社交礼仪、健康养生、求职应聘等系列课程，帮助罪犯掌握一技之长，为罪犯回归社会后的就业谋生拓宽了渠道。

在"归途如虹"教育品牌的框架下，依托出监特色改造功能区，监狱采用实体训练和虚拟体验的方式，帮助罪犯感受社会生活场景。运用VR沉浸式体验技术，模拟"突发事件应对""手机网络购物""银行业务办理""APP挂号约诊"等现代生活方式，帮助罪犯有效体验信息社会的发展，快速接轨社会，为开启新生的第一步做好充分准备。

思考题

1. 回到社会后你的人生规划是什么？现在准备得怎么样？
2. 结合自身实际，谈一谈出狱后如何预防再犯罪？

推荐书目

1. 《活着》，余华，作家出版社2010年版。
2. 《追风筝的人》，卡勒德·胡塞尼著，李继宏译，上海人民出版社2006年版。

推荐电影

1. 《一一》（2000年），杨德昌执导。
2. 《海边的曼彻斯特》（2016年），肯尼斯·罗纳根执导。

第二篇 心态调整

健康的心态和正确的人生目标是罪犯走向成功的起点。要实现从"监狱人"到"社会人"的大跨越，需要克服迷茫、彷徨、急躁和浮躁心理，正确应对遇到的坎坷和磨难，树立阳光心态，维护自身心理健康、保持常人心态十分重要。要用阳光心态，良好思维、积极行动，真正把命运掌握在自己手中。

【阅读提示】

1. 了解迷茫和彷徨的本质和克服方法。
2. 掌握克服浮躁和急躁的科学方法。
3. 掌握调整好自身心态的方法，迎接未来新生活。

第一节　走出迷茫和彷徨

故天将降大任于是人也，必先苦其心志，劳其筋骨，饿其体肤，空乏其身，行拂乱其所为，所以动心忍性，曾益其所不能。

——孟子

听从内心的召唤

迷茫是一种心中虚无、拿捏不定、消极颓废，对未来产生无边的恐惧和担心的情绪。当你迷失在人生道路上的时候，千万不要因为走得太久而忘了我们为什么出发。迷茫会让生活平乏无味，会让人感觉到未来没有方向，就像断了线的风筝，不知道会飘向何方。当你想挣扎着走出一条路来，却感觉每个方向都是无形的墙，每次尝试逃脱都会被撞得头破血流。于是，陷入迷茫中的人总是会不停地问：出路到底在哪里？

【案例链接】

程某某，56岁，随着释放日期的临近，他反而焦躁和迷茫起来。由于判刑入狱，他已经被原单位开除了公职，但是自己几十年都在搞水利研究，除了这个水利专业，自己什么都不会，而且自己离退休年龄还早，想到私企去干，又怕别人嫌弃自己有犯罪前科，不聘用自己，活了大半辈子了，从没有像现在这么迷茫和彷徨过。

李某，现年36岁，因为盗窃公司计算机部件被判刑。虽然有计算机专业能力，但是他早年学的知识和技术早已被新技术所代替，在求职上不具备优势，他也很迷茫，不知道自己出狱后能干什么？

王某，现年 25 岁，因犯故意伤害罪被判刑入狱，也失去了工作，现在就业形势严峻，他对未来如何生活充满迷茫，不知道脚下的路在哪里？

罪犯临近释放前遇到的迷茫和彷徨的困境，在出监教育阶段具有普遍性。在即将服完刑期，重返社会和家庭时，有很多罪犯因为对未来的不可预测和无法掌控而陷入深深的迷茫之中。于是不停地问自己：我能适应这个全新的社会吗？我应该如何开始新的生活？因此，我们必须透过迷茫和彷徨的纷乱表象，客观认识事物的本质。很多时候，迷茫并不是因为外界的复杂，而是我们内心的不确定性。我们对未来的恐惧，对选择的犹豫，实际上都是源于把简单的事情看得复杂了。

乐观面对生活

美好的生活需要乐观地面对。生活总是热气腾腾，充满活力的，也是每个人都应该倍加珍惜的。走出迷茫，需要冷静和正确地看待我们的处境，充分发掘自身资源和优势，全面客观地认识和定位自己，积极主动地了解和适应社会的发展变化，把自己的人生规划与社会的发展进步结合在一起，在伴随整个社会向前发展的过程中，实现自身的人生梦想。这也是走出迷茫和彷徨的关键所在。

服刑生活只是罪犯人生的一个片段和插曲，绝不是人生的全部。每个罪犯都要深刻汲取犯罪的教训，放下思想的包袱，重新规划自己人生的航向，满怀信心地期待再次远航；要对未来的生活做好充分准备，始终笑对人生，乐观地面对生活中的风风雨雨，敢于迎接生活的各种挑战，在生活中磨炼自己的本领。

【案例链接】

刘某，因为故意伤害罪，被判处有期徒刑 4 年，这是他第四次进监狱了。这四次犯罪都是因为他脾气大、易冲动、爱打架。现在，他马上

就要被释放回家了,但是刘某却丝毫没有喜悦的心情,反而心情更加沉重。他在与民警谈话中表示:"自己早就厌烦了这种反复进监狱的糟糕人生,生活被自己弄得一团糟,看不到希望和改变,害怕自己一直这样折腾,彻底葬送了下半生。"民警意识到,刘某因为多次进监狱,失去了对未来生活的期盼,对自己也失去了改变的信心,对自己的生活持悲观态度。为此,民警便及时对他进行了干预与矫正,并围绕他的家庭、亲人和未来进行疏导,以解开他心中的死结,重新燃起他对生活的希望。民警教导刘某,不要再用拳头表达自己的想法,而是要学会用法律手段维护自己的权益,并让他明白自己肩负的家庭责任,以及面对未来的生活要始终充满信心和期待。出监教育改变了刘某对人生消极悲观的态度,他打算出狱后继续从事熟悉的水果销售批发工作,乐观地开始新生活。

当面临人生选择的时候,迷失方向的人会说前途迷茫;对生活失去信心的人会说世态炎凉,那是因为他们不够勇敢,所以才会认为生活中的挑战是一只只拦路虎。岁月的流逝固然无可奈何,而人的逐渐蜕变,却又让芸芸众生感受到了时光的力量。每个人都曾经跌倒过、迷失过、痛苦过。人之可贵,恰恰在于能够随着环境的改变而不断地调整、提升自己。对于每个人来讲,首先要相信自己可以走出迷茫和彷徨。

每个人都有自己的优势。我们应根据自己的实际情况,合理清晰地规划人生,明确那些能够凭借努力实现的目标和理想。当我们朝着目标努力的时候,不知不觉中就会发现迷茫早已被充实的生活所代替。

【案例链接】

赵某,因犯故意伤害罪被判处有期徒刑 4 年,被捕前是西餐厅的厨师。他入监狱后比较消沉，认为由于自己的一时冲动把人打伤，判刑入狱，不仅失去自由，还丢掉了厨师的工作。这一切，对于他自己和家人都是很大的打击。他认为这辈子是毁了，出去后也没人会聘用自己了，对未来感到迷茫。民警了解到赵某的情况后，主动找其谈话，帮助其分析自己的优势和特长，一起了解和研究社会市场需求，推荐其参加创业课程学习。在专业老师的指导下，赵某制作出了详细的出狱后开办西餐小店创业的计划书，并积极与家人商议，出狱后全家一起创业。家人也积极帮助其筹划选择开店的地址，准备创业的启动资金，一切都在紧张有序地进行着，赵某也忙得不可开交，对未来生活充满了信心和期待，之前的迷茫和彷徨一扫而光，他总是觉得自己的时间不够用。

人们常说"天意弄人"，其实捉弄人的并不是天，而是自己。许多人走不出人生不同阶段或大或小的阴影，并非因为他们的个人条件比别人差，而是因为他们没有发现，自己的人生目标到底是什么，自己实现既定目标的路径有哪些。实际上，每个人一旦确定了人生的目标和方向，就不会再感到迷茫和彷徨。

找准方向和目标

人们之所以迷茫和彷徨，主要的原因是缺乏目标和志向。但是，人生目标和志向不会凭空产生，也不存在所谓的"仙人指路"。志向和目标需要我们自己去寻找。对此，我们可以从以下几个方面着手：

多思考

有些人在遇到困难时就去问别人，习惯了让别人决定自己的人生，而不去思考什么才是自己真正想要的。对于即将出狱的罪犯来说，面对未来，要多一些思考，客观全面地认识和定位自己，了解和顺应社会发展的趋势和要求，找准未来生活的方向，并积极做好各种准备工作。

多谈论

北宋苏轼在《题西林壁》中写道："横看成岭侧成峰，远近高低各不同。不识庐山真面目，只缘身在此山中。"此诗说的就是"当局者迷，旁观者清"的道理。当你困于迷茫的时候，可以多和亲人朋友谈论你的迷茫。谈论本身就是对自己想法、思路的整理过程。不但能让你的迷茫具体化，而且可以通过谈论，让别人帮你分析你的困惑。这样有利于从别人那里获得帮助和建议。另外，谈论本身也可以减轻迷茫带给自己的负面情绪、缓解压力，找到解决问题的办法，重新定位人生志向，早日摆脱迷茫心态。

写下来

迷茫、彷徨的本质是内心被困住了，思维被僵化住了。为了准确了解迷茫的症结，理清自己的思路，我们可以把让自己迷茫、彷徨的事情写下来，这样会让迷茫更加具体化。我们把想要做的事情分清利弊，并拿出一张纸把它写出来，利在左，弊在右，一目了然，有利于我们做出正确的选择。

做事情

当你感到迷茫和彷徨时，迅速行动起来，这才是克服迷茫的有效方式。行动是梦想的起点，要实现自己的梦想，只有从当下做起，抓紧时间去行动才能实现它。当你的脑海中有一个方向和目标的时候，还要用实际行动去实践它，并且在实践中，不断地总结和修正它。只有这样，才能找到一个准确的方向，最终实现自己的梦想。

【案例链接】

田某某,现年 24 岁。2017 年 9 月,因抢劫罪被判刑 6 年 9 个月。犯罪时,他还不满 18 岁,人生起步之际却误入歧途,给尚未成年的他造成了严重打击。他一度认为自己的一辈子就这么毁在自己手上了,没有了未来和希望,于是意志消沉,什么也不想干。民警及时对田某某进行了教育疏导,唤起了田某某生活的信心和改造的动力,他开始积极参加教育改造活动,一步一个脚印,稳步向前。田某某还学到了法律知识和做人的道理,对自己的罪行有了深刻的认识,内心得到净化,重新燃起对未来生活的希望。在民警的指导下,他积极参加中专学历教育,并顺利取得了市场营销中专文凭,同时参加了西式面点师、公共营养师职业资格培训,并获得了相关专业的职业证书。他积极参加高等教育自考教育,并顺利通过 9 门课程;同时参加了电子商务师职业培训,获得电子商务师资格,为求职就业奠定了坚实基础。

思考题

1. 你现在对未来生活感到迷茫和彷徨吗?
2. 你的人生目标是什么?寻找人生方向和目标的方法有哪些?

第二节　走出浮躁和急躁

夫君子之行，静以修身，俭以养德。非淡泊无以明志，非宁静无以致远。夫学须静也，才须学也，非学无以广才，非志无以成学。

——诸葛亮

现代社会发展变化太快，人们的生活节奏也变得越来越快，每个人的生活节奏都在加速，出门坐车嫌慢，开车嫌车多。一夜暴富、快速成功、挣快钱、走捷径、抄小路，成为一些人追求的目标，只想尽快达到自己事业的巅峰，而不愿持久地坚持与等待。这些人被浮躁和焦虑所左右，失去了内心的平静，因此，克服焦躁情绪，才是取得成功的一个关键因素。

正视浮躁和焦虑

浮躁是当前社会上普遍存在的一种病态心理表现，表现为轻浮、做事无恒心、见异思迁、心绪不宁，总想不劳而获，整天无所事事，脾气大，忧患感强烈。有些人面对急剧变化的社会，茫然无措，心里无底，对前途无信心。他们在情绪上表现出一种急躁心态，在与他人的攀比中，更显出一种急躁的心情。

识别浮躁和焦虑

心神不宁。有浮躁心理的人通常显得心神不宁,面对环境的变化,不知所措,心里没底,对未来十分恐慌,严重缺乏信心,认为前途渺茫。

焦躁不安。焦躁不安是浮躁心理所表现出来的常见状况,主要是心理情绪非常急躁,爱急功近利,在和旁人攀比的过程中,所显现出一种焦虑不安的心态。

盲目行动。浮躁和急躁表现为一种急不可耐的心情和盲目的行为,因为内心的不安,理智失常,情绪超越理智,经常盲动、盲干、盲从、冒险。

功利主义。浮躁和急躁的人充满了功利主义和情绪化色彩,这种人表面上看起来很忙,但是干什么都耐不住性子,坐不热板凳,见异思迁,盲从盲动,做事无恒心。

【案例链接】

孟某,35 岁,大学文化,因犯非法吸收公众存款罪,被判有期徒刑 8 年。在谈到自己的犯罪原因时,他对民警坦诚地说:"浮躁和急躁情绪是自己一个重要犯因。"孟某出生在一个普通的工人家庭,父母都是工人,从小教育其要好好学习,考好大学,干出一番事业,光宗耀祖,为父母脸上增光添彩。孟某小学、中学、大学都很优秀,成为父母眼中的骄傲。研究生毕业后,由于自身找工作挑肥拣瘦,错失良好机会,最后被在京的一家私企录用为普通职员,月薪 6000 元,与其父母预期的收入和职业目标有较大差距,自己感到压力很大。当看到别的同学月薪上万元,甚至 10 万元时,他一下子急躁起来,不到半年就从原单位辞职了,接着又不断应聘和调整工作,2 年之内换了 6 家单位,总是静不下心来干一件工作。后来他接触到非法吸收公众存款的金融公司工作人员,被其高薪所吸引,自己太想成功了,太想获取金钱光宗耀祖了,最后落入非法吸收公众存款的魔沼,成为了一名罪犯,不仅伤害了别人,也害了自己。正是浮躁和焦虑心态把他推向了犯罪的深渊,教训太惨痛了。入狱后，在民警的帮助下，他逐步认识到了焦躁心态的危害，学会了平心静气地思考和耐心等待，不再毛毛糙糙、急于求成，整个人变得成熟和稳重起来。

浮躁会使人生的方向迷失。现实生活中，不少人忙于应酬、吃喝拉关系、争名夺利，看见别人下海赚钱了，也跟着下海；看见别人买车了，也跟着买车；看见别人铤而走险发财了，也跟着去，最终被金钱和权势模糊了视线，害了自己。罪犯出狱后不必急于做出成绩，而应让自己的心慢慢沉静下来，树立正确的目标，制订出合理的计划并有步骤地执行，才是取得成功的正确途径。

急躁和浮躁形成的原因

准备不足，心里无底

人为什么会急躁呢？主要是因为浮躁心态在作怪。我们往往容易在自己比较在意的事情上急躁，太容易急于求成，心陷浮躁。有些人听风就是雨，看到别人做什么，不顾自己的客观情况就跟风盲从，对可能遇到的困难没有足够的预见，一旦遇到困难就容易产生急躁情绪，缺乏耐心去解决问题。这个世界是复杂的，它不会按照任何人的意志运转。我们做任何事，哪怕最不起眼的小事，都可能会遇到这样或那样的困难，总要受到各种因素的制约。罪犯在做任何决定的时候，都要保持清醒的头脑，深思熟虑、创造条件、等待时机，经过理性选择之后就脚踏实地，一步一个脚印坚定地走下去。

急功近利，短视效应

浮躁是急功近利思想支配的后果。急功近利一词出自西汉时期董仲舒《春秋繁露·卷九·对胶西王》：仁人者正其道不谋其利，修其理不急其功。急功近利成为现在社会快节奏生活的副产品，人们在"快"

思想的影响下，失去了积累与沉淀的耐心，人们总是在寻找"一夜成名""一夜暴富"的机会。学术界、演艺界、体育界等也都弥漫着浮躁的气息。为了迅速成名，为了快速挣钱，不惜做违背良心、违法乱纪的事情，这是万万不可取的。

【经典故事】

古时候，宋国有个农夫种了稻苗后，便希望能早早收成。每天他到稻田时，发觉那些稻苗长得非常慢。他等得不耐烦，心想："怎么样才能使稻苗长得高，长很快呢？"想了又想，他终于想到一个"最佳方法"，就是将稻苗拔高几分。经过一番辛劳后，他满意地扛着锄头回家休息。回到家后跟家人说："今天可把我累坏了，我帮助庄稼苗长高了一大截！"过了几天，他儿子跑到田里去看，禾苗全都枯死了。

急于求成，缺乏静气

一味地追求目的的实现，可能会让事情的发展与自己最终的目标背道而驰。事业成于坚韧，而毁于急躁，无论是工作还是创业都是如此。英国哲学家、文学家弗朗西斯·培根曾经说过：急于求成是做事最大的危险之一。我们要时刻警惕，让浮躁的心冷静下来，时刻保持清醒的头脑和平和的心态。

急躁和浮躁的危害

影响人生格局

人心一旦变得浮躁和急躁，眼界就会变狭窄，格局也会随之变小，事业和前途也就可想而知了。

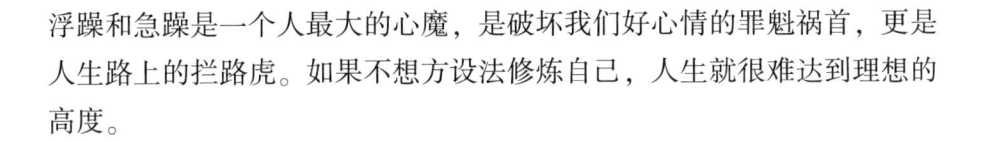

浮躁和急躁是一个人最大的心魔，是破坏我们好心情的罪魁祸首，更是人生路上的拦路虎。如果不想方设法修炼自己，人生就很难达到理想的高度。

影响身体健康

其实，性格急躁、遇事容易激动，这对身体也是有极大伤害的。情绪波动时，人们常会出现心慌气短等症状，而重症者可能会抽搐、意识不清。

影响人际关系

急躁的人容易跟人发生冲突，一言不合，火气就上来了，甚至为芝麻大点的小事大打出手，容易与同事、朋友、邻里关系紧张，使自己陷入众叛亲离的生活境地。脾气急躁的人总以为自己一发火就能使别人顺从自己的意愿，其实这是非常一厢情愿的想法。即便有人表示顺从，也不过是害怕他发怒，并不表明内心赞成他的看法。换句话说，脾气急躁、容易发怒，不仅不能改变别人的看法，反而只会把别人推得更远。

影响心理健康

急躁和浮躁的情绪对于我们的健康来说是很危险的。中国当代著名作家贾平凹的小说《浮躁》中有这么一段话，深刻地揭示了浮躁对心理健康的危害："在我们的心灵深处，总有一种力量让我们茫然不安，让我们无法宁静，这种力量叫浮躁。浮躁就是心浮气躁，是成功、幸福和快乐最大的敌人。从某种意义上讲，浮躁不仅是人生最大的敌人，而且还是各种心理疾病的根源。它的表现形式呈现多样性，已渗透到我们的日常生活和工作中，可以这样说，人的一生是同浮躁斗争的一生。"

影响事业发展

浮躁的人做事情容易半途而废。往往是刚开始的时候满腔热情，对未来无限憧憬，但一遇到挫折就退缩。究其原因，就是过于浮躁，总是急于求成，急于看到工作成果，希望什么事情都一蹴而就，却对现实的困难没有足够的估量。又会不断地否定自己，告诉自己，这条路无论如何是行不通的，认为自己做的事情是没有前途、没有意义的，放弃是唯一的出路。在浮躁心态的影响下，不奋斗而求速效，时间就在不停地放弃中慢慢地流逝，最后一事无成，只落得"少日浮夸，老来窘隘"而已。

克服急躁和浮躁的方法

脚踏实地，看清现实

想要得到的东西要靠自己的努力来换取。想得到金钱、地位和幸福生活，要脚踏实地，而不是投机取巧，甚至是违法犯罪。每一个人都有追求更好生活目标的权利，但是目标的设定要与自身条件相适应，看清自己、看清现实，制定一个经过努力能够达到的合理目标，利于保持心理的平衡。相反，如果制定一些远超自身能力的目标，不仅难以实现，而且容易引发挫折和急躁心态。

坚持不懈，持之以恒

浮躁和急躁解决不了任何问题，只有静下心来，认真思考，仔细盘算，才能走出羊肠小道、崎岖坎坷，最终走向光明大道。要知道很多事情都急不成、快不了，心中越急，心态则会越躁，就越容易出错，一步错，步步错，这样只会踏入失败的深渊。不如沉淀自己，宠辱不惊，宁静安然，做一个冷静看世界、淡然对待得失的人。

转移注意力，管控好情绪

急躁不仅容易在做事上半途而废，也容易因为小事与人发生冲突。当因为一件事而感到急躁不安时，可以通过转移注意力，让自己冷静下来，想想美好的事物，逐渐地控制自己的情绪。人们在发怒的初期往往是比较容易控制情绪的，熬过了最初的几分钟，就会冷静下来了。

思考题

1. 浮躁和急躁的危害有哪些？自己是如何避免的？
2. 如何克服浮躁和急躁情绪？

第三节　正视坎坷和磨难

> 种子不落在肥土而落在瓦砾中，有生命力的种子决不会悲观和叹气，因为有了阻力才有磨炼。
>
> ——夏衍

我国台湾地区作家刘墉在《寻找一个有苦难的天堂》中说，一个人要学会接受失败，正确看待坎坷和磨难，利用倒下的时间喘气，并思考反击的方法。坎坷和磨难就像试金石，它可以证明一个人的决心和勇气。

人生是公平的，没有人苦一辈子，也没有人幸福一生。苦难是人生必修课，每个人要经历的苦难都是有定数的。如果你提前承受了所有的痛苦，幸福将离你不远。世上任何有价值的事物都需要用辛劳和苦楚来换取。

在逆境中奋起反击

清代诗人郑板桥在《竹石》中写道："咬定青山不放松，立根原在破岩中。千磨万击还坚劲，任尔东西南北风。"人生就应该像那扎根于峭壁之上的翠竹，不抱怨环境，紧紧咬定着青山，不畏艰难，不惧挑战。它的根基深深扎入破碎的岩石之中，即便遭受千百次的磨砺与打击，依旧坚韧不拔，挺立不倒。无论东西南北的狂风如何肆虐，它都能以不变的坚定，迎风而立，展现出生命的顽强与不屈。

逆境中的我们，也应如此，面对困难，不应退缩，而是要勇攀高峰，站在更高的位置，方能看到更广阔的天地，遇见更好的自己。逆境，是生命最美的诗行，书写着勇气与希望的故事。每一次跌倒，都是为了站得更高；每一次泪水，都浇灌着成长的土壤。逆境中，我们不仅遇见困难，更遇见了更强大的自己。逆境是人生的摇篮，磨炼是成功的伴侣，挫折是英才的乳汁，失败是胜利的基石。战胜困难，走出逆境，成功就会属于你。

坦然面对坎坷和磨难

小时候，我们每次不小心摔倒时，第一个念头往往是什么东西绊了我，总是怪别人乱放东西，实在找不到什么还可以怪路不平。尽管那样做，对于疼痛的减轻并没有直接效果，但能找到一个可以责怪的对象证明自己没有责任，这对我们多少是一种心理上的安慰。长大后，每当遇到挫折时，我们也总是不自觉地按照小时候的思维，找出许多客观原因来为自己开脱。怨天怨地怨社会，实在找不到原因时就说自己的命不好。无论顺境还是逆境，都要从容面对；无论得到还是失去，都要平静地接受，这才是对待人生和挫折的正确态度。路就在脚下，一切的过去都以现在为归宿，一切的未来都以现在为起点！如果面对挫折只会怨天尤人、灰心丧气，而不检讨自己，只会令你在岁月的蹉跎中一次次失去提升自己的机会。生活给了人们一千个理由去哭泣，而乐观的心态却使人有了一千零一个理由去微笑。

人生不如意十之八九，常思之一二，要用乐观态度坦然面对曾经的失败。但失败对人毕竟是一种"负性刺激"，总会使人不愉快、沮丧、自卑。面对如此多的负面情绪，我们唯一能做的就是用乐观积极的心态来打败它们。

强者不是天生的，强者也并非没有软弱的时候，强者之所以成为强者，在于他能坦然地面对自己的不足，保持一种泰然的心境，从而克服自卑、丢掉自弃、战胜自己的软弱。

变坎坷和磨难为成功的垫脚石

大多数人觉得挫折是成功路上的绊脚石，阻碍我们走向成功。但是，只要我们正确对待挫折，勇敢地面对它，它就会成为我们走向成功的垫脚石。

磨炼意志。苦难对于磨炼一个人的意志力有莫大的帮助，就好比历经风吹雨打的野花比温室的花朵生命力更顽强。正如明代冯梦龙在《警世通言·勤奋篇》中写的："宝剑锋从磨砺出，梅花香自苦寒来。"习惯了苦难与磨砺，就不会轻易被打倒。反而是没经历过苦难的创业者，面临问题的时候往往手足无措，没有足够的心理抗击打能力，很容易造成动摇，从而面临失败的下场。顽强的意志力是成功的必备品质，而苦难恰好是磨砺意志力的最佳方法。

积累经验。吃一堑，长一智。人生之所以会有苦难，经验不足、不知道如何应对，是一个重要的原因。苦难经历过一次之后，第二次便会有应对的经验。只要它不能置你于死地，就必将使你更强大。在苦难的实践中获得新的知识与技巧，为下一次的碰撞做好准备，每一次克服苦难的过程，都是在积攒宝贵的人生经验。正如那句耳熟能详的名言——"失败是成功之母"，一次次建立在苦难上的经验积累，正是给通往成功的道路铺上的一块块垫脚石。

提示警告。最后，难者不会，会者不难。在遇到苦难之前，想想自己为什么会觉得苦，为什么会觉得难？如果是经验不足，我们可以后天努力。如果长时间地陷于苦难之中而无法自拔时，创业者就要反思为什么会这样呢？如果真的付出努力之后还是走不出来，那么是不是你走的这个方向本来就是错的？或者说，你是不是不适合走这条路？

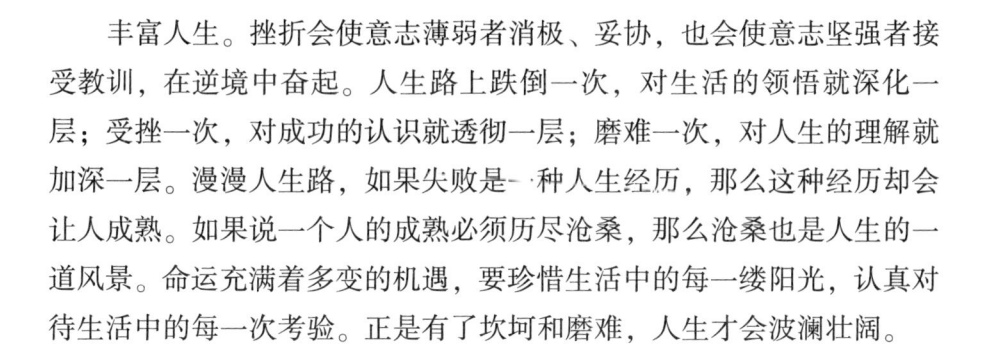

丰富人生。挫折会使意志薄弱者消极、妥协，也会使意志坚强者接受教训，在逆境中奋起。人生路上跌倒一次，对生活的领悟就深化一层；受挫一次，对成功的认识就透彻一层；磨难一次，对人生的理解就加深一层。漫漫人生路，如果失败是一种人生经历，那么这种经历却会让人成熟。如果说一个人的成熟必须历尽沧桑，那么沧桑也是人生的一道风景。命运充满着多变的机遇，要珍惜生活中的每一缕阳光，认真对待生活中的每一次考验。正是有了坎坷和磨难，人生才会波澜壮阔。

坎坷和磨难铸就新的人生

艰难困苦，玉汝于成。面对逆境，丧失奋斗勇气和决心的人只能是苦苦呻吟、怨天尤人，不知道怎样脱离困境。只有扼住命运咽喉的人，只有在逆境中不屈服的人，才能使生命绽放光彩。坎坷和磨难让我们有机会重新审视自己，可以带给我们新的选择和更好的人生，发现不一样的自己。

【经典故事】

在崇明区中兴镇红旗村，有一家名为"河畔农庄"的民宿。每当有客人入住，老板就会开着车赶来，挂着双拐下车，露出一个灿烂的笑容："腿脚不便，让您久等了。"他名叫杨佳辉。4岁那年，一场车祸使他高位截瘫，从此与拐杖轮椅为伴，但之后的人生却一路"逆袭"，不仅考上了大学、通过了司法考试，还创办了合作社、民宿，创造了数十个残疾人就业岗位。他的人生堪称一场逆袭故事。杨佳辉今年30岁，在他的记忆中，4岁是人生的分水岭。

那年他在家附近被一辆摩托车撞倒，不巧伤到了脊柱，被确诊为高位截瘫，从此下半身失去了知觉。他从村里最聪明的孩子，变成了一个残疾娃，这场变故对他的家庭无疑是"天崩地裂"。2000年9月1日，杨佳辉被爷爷背着走进中兴镇中心小学，圆了上学梦。天资聪颖，加上异常努力，杨佳辉考入了崇明重点中学，后来以优异的成绩考上了上海政法大学，并通过了司法考试。"那时我就想成为一名律师，在市区工作生活，就是最好的未来。"杨佳辉说，踌躇满志的他没想到，后来现实又给了当头一棒。2016年，即将毕业的杨佳辉进入了一家市区的律所实习，披星戴月的实习生活坚持了没多久，他就因为过度劳累病倒了，住院治疗了一个多月，出院后无奈之下只能放弃了律师梦，万般无奈地回到了家乡崇明。

区残联的工作人员找上门，邀请他前往享农专业果蔬合作社参加培训。在"享农"学习工作的两年，杨佳辉完成了从法学生到"新农人"的转变。从合作社"毕业"后，他与父亲在中兴镇承包了150亩土地，开始种植水稻，采用"稻田+小龙虾"的种养结合模式，不仅减少化肥、药物的使用量，还提高了产品的附加值。事业越来越好，杨佳辉开始想着要做些事情回馈社会。自2019年起，杨佳辉的民宿、合作社都会聘用残疾员工，以劳动合同或劳务协议的方式进行续约。4年来，共与12名残疾人签订劳动合同，帮助每人每年增收约4.5万元；共与120余名残疾人签订劳务协议，帮助每人每年增收近万元。

思考题

1. 为什么坎坷和磨难是成功的垫脚石？对你有什么启发？
2. 杨佳辉的故事对你有什么启示？
3. 你遇到过哪些坎坷和磨难，你是如何克服的？请举例说明。

第四节 好心态，新自我

一个人心态要稳定，要正确对待自己，找准自己的人生坐标，不要越位也不要自卑，要对社会满怀感激之心。

静是心的归宿

人为何要静？你看"静"字，便是"青"与"争"，越是不经世事的人，越是年轻人，越喜欢去争。这些年轻人的心就是一团火，满心躁动，不懂得平淡行事，也不懂得低调做人，这样的人终究要经受生活的磨砺。人这一辈子，活到最后，其实就一个字"静"，人最高级的智慧，也应该是静。

人如何静心？春有百花秋有月，夏有凉风冬有雪。若无闲事挂心头，便是人间好时节。宋代慧开禅师的《颂平常心是道》表达了良好心态的最高境界，意思就是一年四季，每个季节都有每个季节的美，春有百花秋有月，夏有凉风冬有雪，如果能没有闲事烦心，没有忧思悲恐惊缠绕心田，那么每年每季每天都将是人间最好的时节。心态不是人生的全部，但却能左右人生的全部。心态好，什么都好，心态不好，一切都乱了。心态好、心情好，身体才能健康，能力才会相应地增强。心态决定我们的生活，有什么样的心态，就有什么样的人生。

静是心的归宿。禅语有言："求人不如求己，求己不如求心。"心，应该是一池清水。心水清澈了，山水花树映在水面上才是美丽的。那样，日日是好日，夜夜是清宵，处处是福地，法法是善法，就没有什么可迷惑、污浊我们的了。我国著名学者梁漱溟说过，人一辈子首先要解决人与物的关系，再解决人与人的关系，最后要解决人与自己的关系，只是最后一条最难。痛苦往往不是生活强加给人的，对自我、他人和社会的认知不够而产生的不良心态才是痛苦的根源。罪犯即将出狱融入社会，调整心态轻装上阵，塑造新的自我，幸福就会一路相随。

心态决定一切

心态决定成败

人生就像一场马拉松，不是赛跑的快慢，而是坚持的长短，积极的心态是获胜的关键。这是一个渴望成功的时代，每一个人都渴望自己能够成为成功者，但事实上并不是每一个人都能取得成功。成功者之所以能成功，不仅是因为他们具有超越常人的才华，更为重要的是他们拥有把握人生的良好心态。美国"股神"巴菲特曾说过这样一句话：任何人都有能力做到我所做的一切，甚至超越我。但是实际上有些人能够做到，有些人却做不到。那些做不到的人并不是因为世界不允许他们成为巴菲特，而是他们自己的原因。这个"自己的原因"，就是人的心态。

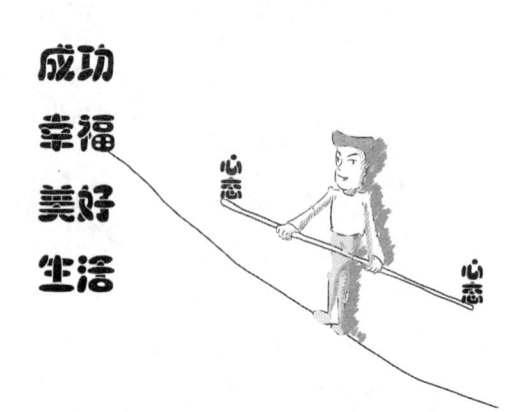

【经典故事】

一个老太太有两个女儿都做生意，大女儿卖扇子，小女儿卖雨伞。天晴时，老太太就为小女儿担忧，担心雨伞卖不出去；雨天时，老太太就为大女儿忧虑，担心扇子卖不出去。如此一来，老太太的日子过得很忧郁。邻居问她为何总是满脸忧伤，老太太说明情况。邻居笑着说："老太太，你真是好福气呀！天晴时，你的大女儿生意很好；天阴时，你的小女儿生意兴隆。"老太太听了，顿时豁然开朗，转忧为喜。心态不同，看待问题的角度就不同，自然事情的成败也不同。

心态决定幸福

人不能左右天气，但可以改变心情；不能改变容貌，但可以展现笑容。心随境转是凡夫，境随心转是圣贤。佛语有云，物随心转，境由心造，烦恼皆由心生。说的是一个人有什么样的精神状态，就会产生什么样的生活现实。人之幸福在于心的幸福。最使人疲惫的往往不是道路的遥远，而是心中的郁闷；最使人颓废的往往不是前途的坎坷，而是自信的丧失；最使人痛苦的往往不是生活的不幸，而是希望的破灭；最使人绝望的往往不是挫折的打击，而是心灵的死亡。

【经典故事】

张顺东、李国秀是云南省昆明市东川区乌龙镇坪子村一对农民夫妇，张顺东幼年时因意外触电失去了右臂，双脚重伤，李国秀则先天没有双臂。"你是我的脚，我是你的手，没有什么过不去的坎。"张顺东经常同妻子说这句话。一路走来，这对加起来只有"一只手、两条腿"的夫妻，克服了常人难以想象的困难。行动不便，就相互配合，干农活时，张顺东单臂挥锄把红薯刨出，李国秀则用脚夹起红薯准确地扔进背篓；炒菜做饭时，张顺东掌勺，李国秀在一旁帮忙稳着炒菜锅……"互为手足"、一路扶助，在残缺中孕育美满、在苦难中淬炼不凡，夫妻俩用勤劳的付出和不屈的意志支撑起幸福的生活。他们身残志坚、自立自强，不仅将一双儿女抚养成人，还成为村里第一批脱贫户；不仅把自己的日子经营得蒸蒸日上、红红火火，还为村里其他残疾人服务，带动更多村民过上更好的生活。他们曾获全国脱贫攻坚奋进奖等荣誉，也曾入选"感动中国2021年度人物"。

心态决定生活质量

在人生的长河中，心态如同一盏明灯，照亮前行的道路，引领我们走向幸福的彼岸。幸福是一种感觉，影响我们人生的绝不仅仅是客观的条件和环境，心态控制了我们的行动和思想，心态引导我们生活中的选择。心有多大，舞台就有多大。

【经典故事】

　　夏伯渝是中国肢残运动员登上珠峰第一人。夏伯渝1949年出生于重庆，名字中的"渝"字就是父母为了纪念他的出生地而起的。1956年，夏伯渝随父母迁到青海后成为一名专业运动员。1974年，中国登山队去青海选拔第二次攀登珠峰的队员，夏伯渝凭借其超强的身体素质成功入选。1975年，夏伯渝第一次攀登珠峰时，把睡袋让给一位丢失睡袋的藏族同胞，导致自己冻伤，双小腿被截肢。手术过后，夏伯渝曾经一度对生活失去信心。"珠峰虽然夺去了我的双脚，但没有夺去我对登山运动的热爱。"安上义肢后，再登珠峰就成了夏伯渝的奋斗目标。1993年，夏伯渝又罹患淋巴癌，但他的人生并没有在这样的痛苦前结束，反而超越了极限，凭借顽强的毅力重新站了起来。2018年5月14日8点31分，夏伯渝终于登上珠峰，成为了中国第一个依靠双腿假肢登上珠峰的人。他在70岁时获得了"2019劳伦斯年度最佳体育时刻奖"。

　　奇迹都是人创造出来的，不管年龄多大，物质财富多少，每一个人享受生活的机会是平等的，把心态放平和，随着生命的步伐从容前行，生活的海洋将一片宁静！

塑造新自我

客观准确定位

　　一个人，还要敢于正视自我，准确定位。心理专家认为，能客观、正确地认识自己，并自觉地用理智控制自己，是一个人心理成熟的最高标志。天生我材必有用，既不要妄自菲薄，也不要盲目自大。无论自身处于顺境还是逆境之中，每种处境对自己都有积极意义。在社会生活的艰苦实践中，不断历练和锻炼自己，使自身拥有强大的内心和能力，足以应对未来的挫折与苦难。

学会宽容别人

宽容是春天里的柔风，轻抚着稚嫩的心灵。宽容是夏天里的艳阳，照耀着角落的黑暗。学会宽恕别人，就是学会善待自己。仇恨只能永远让我们的心灵生活在黑暗之中。而宽恕，却能让我们的心灵获得自由，获得解放。宽恕别人，可以让生活更轻松愉快。宽恕别人，可以让我们有更多的朋友。

不要自我设限

为了验证自我设限的现象，科学家将一只跳蚤放进一个没有盖子的杯子里，跳蚤可以轻易地跳出杯子。然后用一个透明的盖子盖住杯子，跳蚤会继续跳跃，但每次都撞到盖子。多次碰撞后，跳蚤逐渐降低跳跃的高度，最后即使把盖子拿掉，跳蚤也跳不出杯子，因为它已经习惯了受限的高度。跳蚤给自己设定了一个较低的跳跃高度，限制了自己的能力发挥。一个人的真正价值，最终取决于能否从自我设置的"陷阱"里跳跃出来，只有靠自己才能得到解救，也就是所谓的"上帝只帮助那些能够自救的人"。

【经典故事】

2002年，在盐湖城冬奥会短道速滑女子500米决赛中，杨扬实现了中国冬奥会金牌"零的突破"。20多年后，这位"冰上传奇"活跃在体育、公益、国际体育组织等多个领域。正如杨扬所言，人生不设限，才有无限可能。在她看来，人生一直都是在困境中寻找突破。

23年运动生涯，杨扬共经历3届冬奥会。在第一届长野冬奥会时，作为世锦赛全能冠军，虽然她的目标是奥运会奖牌，甚至金牌，但是她在这届冬奥会参加的两个单项比赛，都因犯规被取消了资格。

"胜利就在眼前，却又如此遥远。"杨扬说，长野失利后，她一度因为年龄、伤病等原因，不确定是否可以再战下一届冬奥会。但她知道，如果没有尽全力，将无法面对四年后的自己。纠结与挣扎了一个月左右之后，她开始全力备战2002年盐湖城冬奥会。

最终四年后，她在美国盐湖城夺得两枚金牌，实现历史性突破。相信"相信"的力量，在杨扬看来，突破有时需要打破观念上的束缚，方能让不可能变为可能。而她在盐湖城之后的许多事例，也在佐证这一点。

2020年杨扬正式上任成为世界反兴奋剂机构副主席，这是中国人首次进入该机构最高领导层。2022年，杨扬成功连任世界反兴奋剂机构副主席，任期到2025年。

心态的改变让许多人对生活重新焕发希望，塑造全新的自我，也让人生释放出不一样的光彩。

轻装上阵

敢于在逆境中崛起，这样的人生才有动力。处在逆境中的人更需要放下思想包袱，聚焦目标坚持不懈地努力奋斗，百折不挠向着目标前进。

【名人故事】

1950年11月，中美在长津湖地区展开了一场激战。朱彦夫的连队战友在争夺250高地的战斗中，或战亡或冻亡，全部牺牲。那年17岁的朱彦夫是其中唯一的幸存者。当增援部队发现他时，他的肠子流出体外，左眼球被击穿，四肢冻成了冰块。经过47次手术，昏迷93天之后，朱彦夫苏醒了，但他失去了双手双脚，仅剩下视力0.3的右眼。伤势稳定后，倔强的朱彦夫不想躺在功劳簿上度过一生。为了牺牲的战友们，他要坚强地活着，做一个有用的人。抱着残而不废的决心，朱彦夫回到家乡，山东沂源县张家泉村。一切从零开始，他苦练各种生活能力，不知砸碎了多少个饭碗，摔伤了多少次，在一次次失败中，朱彦夫终于站了起来。那时的张家泉村，许多村民家里吃不上饱饭，有些人常年逃荒在外。一心要做点事情的朱彦夫看到，村民们大多不识字，他拿出自己的抚恤金，办起了扫盲夜校。朱彦夫用两支残臂夹着粉笔，总是写了断，断了写，后来他发明了子弹壳装粉笔的办法。乡村夜校办了五年，朱彦夫没有停过一天的课。1957年，村民们一致推举朱彦夫当村党支部书记。大家把张家泉村的未来交到了没手没脚的朱彦夫身上。从此，他挂着双拐，拖着8.5公斤的假肢，爬山头，到乡间。山多路险，朱彦夫自创了四种走法，立行、跪行、爬行、滚行。常常遍体鳞伤的书记，让乡亲们心疼不已。朱彦夫的军人气魄，不怕艰难的干劲，激励着乡亲们。棚沟造地，把贫瘠的山沟变成沃土。山坡造田，通水架电，十几年工夫，朱彦夫把一个穷山村，变成了先进村。乡亲们不仅吃饱了饭，也种上了漫山果树。

在朱彦夫的心里，从没有忘记曾经一起战斗，为国牺牲的战友，更是时常想起，朝鲜长津湖那一仗，指导员临终的嘱托，如果活着，一定把他们的故事、他们的名字写下来，带回祖国。这个嘱托一直放在朱彦夫心上。年近60，朱彦夫决定动笔了。他的写，是用嘴咬着笔，用残臂夹着笔进行的。他一边刻苦阅读，一边构思创作，遇见不会写的字经常要查字典。就是靠一种强大的精神力量，七度春秋，七易其稿，将一部饱含着热血的生命之作，捧给了世人。作品出版的那天，朱彦夫在扉页上写满长津湖牺牲的全连战士的名字，独自一人走进房屋，把一本书点燃。枪杆子、锄杆子、笔杆子，每一段人生，他都书写得如此精彩。他被誉为"中国的保尔"。2019年，86岁的朱彦夫被授予"人民楷模"国家荣誉称号。

在人生的路上跋涉久了，心灵的负荷就会越来越沉重，只有丢下沉重的包袱，轻装上阵，才会有更加美好的未来。罪犯即将出狱，要学会对自己的人生进行整理，正确看待过去的失败、挫折、痛苦、烦恼、困难和不公平，不能因噎废食、畏惧、退缩，甚至半途而废。要相信，事在人为。在这个世界上，没有过不去的坎。要善于进行权衡，该总结的总结，该遗留的遗留，该淡忘的淡忘，别让内心千疮百孔。像电脑中的垃圾文件一样，只有及时清理，系统才能高效顺畅地运行。人的一生中，同样会遇到许许多多的人和事，产生许多感受和情绪，有些是必需的，而有些是完全用不着的，如贪欲、虚荣、嫉妒、仇恨等，这些都是负担，应该果断地"删除"。活在世上，就像一叶扁舟在海上行进，海是不会永远平静的，未来不会一帆风顺，惊涛骇浪总会有。纠正自己种种消极的生活态度，生命才会更加精彩。人生就是一步步走，一步步扔，只有轻装上阵，脚下的路才能越走越远，越走越平稳。

改变思维

思维定式也称"惯性思维"，是一种心理准备状态，由先前的活动所形成，影响后续的思维和行为。在客观环境不变的条件下，思维定式使人能够应用已掌握的方法迅速解决问题。强大的思维定式，不仅逐渐成为思维习惯，甚至深入潜意识，成为不自觉的类似于本能的反应。思维定式确实对人们解决现实生活中的问题，具有较大的负面影响。当一个问题的条件发生质的变化时，思维定式会使解题者墨守成规，难以涌出新思维、做出新决策，造成知识和经验的负迁移。

人一生中需要改变的东西固然很多，但最难改变，也最能从根本上改变一个人的是性格中的思维定式。只有这一点得到改变，才能突破常规，塑造一个全新的自我，完成自己的目标。生活工作中的坎坷和磨难既是机会也是挑战，换个角度看问题，往往就会豁然开朗。

【经典故事】

近塞上之人，有善术者，马无故亡而入胡。人皆吊之，其父曰："此何遽不为福乎？"居数月，其马将胡骏马而归。人皆贺之，其父曰："此何遽不能为祸乎？"家富良马，其子好骑，堕而折其髀。人皆吊之，其父曰："此何遽不为福乎？"居一年，胡人大入塞，丁壮者引弦而战。近塞之人，死者十九。此独以跛之故，父子相保。

寓言故事很有意思，也不长，但是转折点倒是挺多的，这也是这个故事的亮点所在，反映出福祸相依的道理。老翁几次祸事，反而造就了

日后的福气，而几次大好事，反而让自己日后面临危机。所以，我们不难看出，这个世界上，没有所谓的绝对祸福之分，祸和福是相互依存的。

风暴来临时，雨也会来临。不只是阳光、土壤才能滋润植物成长，雨水也能。失败、痛苦的经历也是有益的，可以帮助你成长。

迎接新生活

面对即将到来的新生活，我们往往一方面会觉得前边的路突然宽阔起来，有很多道路可以选择；另一方面又感觉前路渺茫，不知道自己该走向何方。心是行为的主导，不要为曾经的服刑经历而自卑，人生的价值并不是通过人生的某个阶段体现的。谁都免不了选错道路，不可避免地要经受这样或那样的挫折，无论曾经遭遇了多么大的不幸，失去了多么重要的东西，重整旗鼓，从头开始都是必需的。为了更好地了解和适应不断发展变化的社会形势，每个人都需要在出监教育期间，做好回归社会、开启新生活的各种准备，既包括认知方面的，也包括心理和行为方面的全面准备。

遵纪守法方面。主要是学习与了解我国重要的法律知识，如刑法、民法、治安管理处罚法等，自觉遵守法律规定，培养尊法、学法、知法、用法、守法的意识。遇到各类矛盾和纠纷时，主动寻求法律渠道解决，用法律的手段维护自身权益，做一个合格的守法公民。

求职就业方面。主要是根据自己的特长和职业技能情况，主动了解社会就业严峻形势，更新就业观念，对自身未来就业做出合理规划，正确预期风险与收益；积极参加职业技能培训，掌握一技之长，提高自身就业本领；主动了解养老、医疗保险政策，做好自身职业保险工作。

社会支持方面。主要与家人沟通联系，汇报思想和就业打算，争取家庭的接纳和支持，尽力去弥补自身犯罪对家庭和亲人的伤害，为回归社会后正常融入家庭和社会奠定基础。

阳光心态方面。苦了才懂得满足；痛了才懂得生活；伤了才懂得坚强。总有起风的清晨，总有绚烂的黄昏，总有流星的夜晚。对于一些流言蜚语，大可不必在意。只要把自己的事情做好，对于一些异样的目光、怀疑的眼神，也可以不必放在心上，只要走好自己的路。对于命运的劫难、生活的坎坷，无须有太多的抱怨，因为那样只会让自己的心更累。对待生活保持豁达的态度，这样才会让自己生活得更加轻松。不论在何处，不论在何种环境，都不要迷失自我。每天给自己一个小小的希望，每天都给自己一个微笑，满怀希望微笑着去生活。

微笑人生路

微笑是一缕春风，它会吹散郁积在心头的阴霾。微笑是一种乐观，它能使浮躁沉沦的人心情静好。

笑对人生。被人误解的时候能微微一笑，这是一种素养；受委屈的时候能坦然一笑，这是一种大度；吃亏的时候能开心一笑，这是一种豁达；处于窘境的时候能自嘲一笑，这是一种智慧；无奈的时候能达观一笑，这是一种境界；危难的时候能泰然一笑，这是一种大气；被轻蔑的时候能平静一笑，这是一种自信；失恋的时候能轻松一笑，这是一种洒脱。不管有什么事情，为了什么，每天都要开心一笑。

扬帆远航。人生是一张有去无回的单程车票，没有彩排，每一场都是现场直播。出狱后的社会评价取决于刑满释放人员的实际行动。你只要能以实际行动证明自己是对社会有用的人，是不会被人看不起的。要相信自己，珍惜和把握出狱后的日日夜夜，鼓起勇气面对即将到来的磨炼和挑战，以健康的心态和良好的精神面貌迎接崭新的生活。

思考题

1. 塑造新自我从哪些方面入手？
2. 迎接新生活需要哪些准备？自己回归社会后有什么打算？

推荐书目

1. 《蛤蟆先生去看心理医生》，罗伯特·戴博德著，陈赢译，天津人民出版社2022年版。

2.《被讨厌的勇气》，岸见一郎、古贺史健著，渠海霞译，机械工业出版社 2015 年版。

推荐电影

1.《心灵奇旅》（2020 年），彼特·道格特执导。
2.《遗愿清单》（2007 年），罗伯·莱纳执导。

第三篇 未来规划

千里之行,始于足下。每个人的发展前景都是光明的,但道路不可能一帆风顺,梦想也不可能一夜成真。人间万事出艰辛,越是美好的未来,越需要我们付出艰辛努力。人生犹如一条船,每个人都要有掌舵的准备。让我们满怀信心,把好方向,升起风帆迎接未来吧。

【阅读提示】

1. 认清自信的重要性,重新建立信心,勇敢面对挑战,创造更加美好的未来。

2. 能够树立明确的奋斗目标,制订科学的工作计划,并进行系统的职业规划。

3. 学会少说多做,珍惜时间,培养良好的兴趣爱好,抽出时间多陪伴家人。

第一节　重建自信，勇往直前

> 自信人生二百年，会当水击三千里。
> ——毛泽东

许多人，本来可以成大事、立大业，但实际上却是一生平庸、碌碌无为，甚至一世坎坷、穷困潦倒，原因之一就在于他们自暴自弃，没有远大的理想，缺乏坚定的自信。但是，当我们具备了自信的特质，相信自己一定能够战胜一切困难时，我们就能创造属于自己的奇迹。或者说，只要我们相信自己行，我们就一定行；只要我们相信自己会成功，我们就一定会成功。

自信，是成功的基石

当定义"成功"的时候，有人会想到"腰缠万贯"，有人会想到"身居高位"，也有人会想到"家庭美满"。无论如何，"身陷囹圄"却从来不在任何人的预期中。因此，当你即将重获自由，回归社会时，你可能焦虑彷徨，惶恐不安，甚至丧失了自信，不断地否定自己。身体自由了，心却陷入牢狱，如同没有走出那座有围墙的建筑群。而逃脱心灵的牢笼，让你有勇气做自己的"钥匙"，那就是自信。

意大利诗人但丁曾说："能够使我飘浮于人生的泥沼中而不致被污染的，是我的信心。"千百年来，在有些人眼里，命运是神秘莫测、不可把握、无法控制的一种神秘力量，是主宰人们一生的至高无上的主人，而人类则永远是命运的仆人和奴隶。但明朝著名的劝善书《了凡四训》，其核心思想却是"命由我作，福自己求"。作者袁了凡先生通过自己的亲身经历，告诉人们那些一心修德、终身行善的人，完全可以改变自己的命运，提升自己的生活质量。

比利时剧作家、诺贝尔文学奖获得者莫里斯·梅特林克告诉我们，人们完全可以成为自己命运的主人而非奴隶，能够把握、主宰和战胜命运的首要条件就是相信自己。法国传记作家、小说家安德烈·莫洛亚写道："我研究过很多在事业上获得成功的人的传记资料，发现了一个现象，就是不管他们的出身如何，他们都有着一个共同点——永远不相信命运，永远不向命运低头。在对命运的控制上，他们的力量比命运控制他们的力量更强大，使得命运之神不得不向他们低头！"

在现实生活中，人们在开始行动之前，对自己一般都很有信心，但是一旦在行动中遭遇一星半点的挫折，自信心就会蒙受重大打击，甚至裹足不前。现实中遭遇到的挫折是人们自信的天敌。面对挫折，如果丢掉了自信，就等于丢掉了自己，只能人云亦云而缺少对人生新的开拓。

自信是成功之基。只有拥有自信，人们才有可能走向成功；也只有拥有自信，成功才有可能降临在你身上。要时刻告诉自己"我能行"，用自信把自己武装起来，充满斗志，不断前进，去战胜生命中面临的每一次挑战与挫折，这样才能达到目标，不断创造奇迹与辉煌。

【名人故事】

邓亚萍，身高只有一米五多，却在乒坛连续多年雄霸天下。按理说，她的先天条件并不好，却凭借一股自信和坚韧，取得了让世人惊叹的成就。在14年运动生涯中，邓亚萍共拿到18个世界冠军，连续8年保持乒坛排名世界第一，是乒乓球史上排名"世界第一"时间最长的女运动员。

邓亚萍5岁开始打乒乓球，在刚开始打球时，她就一直坚信自己可以取得成功，无论多少人说她个子矮不适合打球，她都永不放弃，而是用加倍的努力来弥补先天缺陷。1989年，16岁的她首次参加世乒赛，获得女双冠军。1992年巴塞罗那奥运会，她作为中国队绝对主力，夺得女子单打、双打两枚金牌。1996年亚特兰大奥运会，她蝉联奥运女单、女双冠军，成为中国奥运历史上第一个夺得四枚金牌的运动员。

一些看似不可能的事情都以圆满地完成而告终，这源于他们不断挑战的勇气和不竭的斗志。一份自信，彰显了一个强者的信心和勇气。人生需要自信，没有自信的人生是暗淡的，拥有自信的人生，更容易抵达成功的彼岸。

自信，使人生更完整

自信不仅造就英雄，更是普通人人生不可或缺的要素。缺乏自信的人生，必定是不完整的人生。在大千世界的滚滚洪流、茫茫人海中，你得到的是一份湮没的无力感，还是一份昂扬的斗志，取决于你是否拥有一颗自信、勇敢的心。自信，虽不像一支悦耳的歌那般动听，令人陶醉；也不是一首飘逸的诗，令人回味无穷，可它却有着一股冲天的力量，如一团熊熊燃烧的烈火。如果说自卑是红灯，阻碍我们前行，那么自信就是绿灯，保障我们前进的道路畅通无阻！

然而，在我们的生活中，总会遇到很多不自信的人，他们或者困顿于过去的失败中不能自拔，或者畏惧失败而裹足不前，或者心悸于环境的险恶而丧失勇气，每天做着不自信的事情，可是他们并没有意识到或者没有能力去改变这样的状况。人就是这样，只要你勇敢地去克服、面对，战胜今天、明天残酷的现实，那后天的太阳一定会为你升起。可如果你不这样做，那你永远看不到后天为你升起的太阳！因此，我们要拥有并保持一颗自信的心，勇于开拓明天。

自信，化厄运为机会

自信心的树立还建立在对周围环境的正确认识和积极的人生态度之上。一个自信的人，并非事事顺心，事事如意。只是他在灵魂上开了一扇"天窗"，让阳光从窗口照进来，即便是阴雨天，他也学会了创造"太阳"，那个"太阳"就是对自己有信心。有的人跌倒了，就把错误归于他人或社会，认为时不我与，运气不好。这种想法是建立在对社会和他人以及周围环境的依赖上，本质上也是对自己的否定。同样是秋天，有的人觉得凄风冷雨，萧瑟肃杀；有的人则以为是秋高气爽，心旷神怡。心境的差异，同样的季节也可以给人全然不同的感受。所以遭遇厄运，有的人会怨天尤人，一蹶不振；有的人却能泰然处之，正确地面对和利用环境，不同的态度决定不同的命运。面对厄运和逆境，保持自信，相信自己一定能战胜困难，便可以化厄运为机会，使人迈向成功。

旅途似乎已走到尽头，

有退路的人都撤退了。

只剩下无路可退的人，

最终创造了新的出路。

【名人故事】

汶川地震中，23岁的廖智被埋近30个小时，失去双腿，失去女

儿，失去婚姻，在这个痛苦的过程中她没有放弃自己，没有放弃对生活的希望。

廖智截肢两个月之后，强忍疼痛穿上假肢，哪怕摔得遍体鳞伤，也要学会自己走路，为家乡灾民筹款义演《鼓舞》。雅安发生地震后，廖智奔赴抢险救灾一线当志愿者，在余震中坚持救援，被誉为"最美志愿者"。

廖智坚持追逐心中的梦想，参加了中央电视台的《舞出我人生》，挑战身体极限，最终斩获亚军……同时，她还做客了访谈类节目《天下女人》以及电视公开课节目《开讲啦》等。如今的廖智以自己的乐观与勇气，将自己活成了一道光。她说："那些曾经试图击垮我的，反而成为生命中至深的感激。"

自信，源于认清自我

自信来自对自我的正确认识和评价，勇于面对失败、改变自身。自我评价的客观与否是决定一个人能否良好适应环境的一个重要因素。一个人如果对自己的评价过高或过低，都会影响与环境的协调，所以在生活中要不断地反思自己，正确地认识自己的优点和不足，更好地适应社会。

要做到对自我的正确认识和评价，关键是在失败的时候不要全盘否定自己，丧失对自己的信心。一个人如果连自己都不信任，又如何能够赢得别人的信任？人生最大的失败不是被别人抛弃、被别人否定，而是在别人抛弃你、否定你之前，你就早早地否定了自己。失败并不可怕，可怕的是困顿在失败的情绪中，郁郁寡欢，不能从失败中汲取教训，失去了生活的信心。

【经典故事】

一位创业失败的商人在经历了长时间的创伤沉寂后，终于重新找到了一个比较适合投资开发的项目。他很想把握好这一机会，东山再起，却又常为上次重创而犹豫不决。在朋友的劝解下，他决定到当地一家寺庙去卜个吉凶，寻求佛的保佑。商人礼佛的虔诚，感动了该院的方丈。方丈在了解商人心思后，特意为商人准备了一个凡人不易懂的"下下上上签"。方丈送他一个信封，嘱咐他到家后再看。商人回到家后迫不及待地拆开信封，只见方丈手书的两句话："人生不如意，十之常有八九，看目标伤口不痛，看伤口目标模糊。"商人大悟，遂放下心中的创伤，放开手脚朝着目标去努力，最终取得成功。

人生路上，难免遇到坎坷险阻、急流险滩，但是人生处处是丽日蓝天、江山如画。只要我们勇于面对过去的失败，同时在认识到自己优点的基础上，不断地肯定自己、鼓励自己，不被眼前的困难吓倒，坚定地朝着光辉的目标努力前行。

每个人在生命中都追求永恒，但我们周遭又有多少是永恒不变的呢？得意伴随着失意，花开伴随着花落，阳光伴随着阴霾，而自信是心中永恒的支柱。自信是一片阳光，能驱散迷失者眼前的阴霾。一个人的生命是唯一的，也是庄严的。这个唯一的生命，只有拥有了自信，才能让你在绵绵雨天感受到阳光的照耀，才能让你在喧闹的人世间感受一朵花开的宁静，才能让你成为你自己，勇往直前。

思考题

1. 自信为什么重要？
2. 如何重新建立自信？

第二节　明确目标，合理规划

　　生命里最重要的事情是要有个远大的目标，并借助才能与坚毅来达成它。

——歌德

　　人生的演绎和未来的发展其实就像在高速路上驾车行驶，前方的路有很多，不确定的岔路总在不确定地方出现。向左走，向右转，还是向前行？人生的方向盘掌握在自己手中，然而如果没有一个目标，没有一个计划，可能总是走弯路甚至永远到不了梦想的远方。目标就好比旅行者的目的地，而计划就像是旅行者的旅行方式，可以是徒步，可以是骑自行车，可以是自驾，也可以是乘大巴、火车，甚至是坐飞机。不管选择什么样的旅行方式，都需要有一个根据自己的喜好和各方面条件做出的计划安排。对未来的生活和工作有了明确的目标和合理的计划，前方的路就清晰了。

目标明确，走得远

　　西方有句谚语："如果你不知道你要到哪去，那通常你哪也去不了。"有明确的目标是指走出高墙后，在新生的路上，自己清楚路在何方，自己清楚该走什么样的路、该干什么。

　　目标对于成功者，犹如空

气对生命，不可缺少。没有目标就没有成功，没有空气就不能生存。98%的人之所以失败，就在于他们从来没有设定明确的目标，并且也从来没有踏出他的第一步。有了明确的目标，并针对这一目标付诸行动，成功的希望便会油然而出。

【名人故事】

俞敏洪生命中的三件事证明了目标明确的好处。

第一件事是高考，目标明确：要上大学。前两年俞敏洪都没有考上，但他并没有因此放弃，而是吸取教训，加倍努力，第三年终于如愿上了北大。

第二件事是背单词，目标明确：成为中国最好的英语词汇老师。于是，俞敏洪开始一个一个地背单词，在背过的单词不断遗忘的痛苦中，他从不轻言放弃，而是迎难而上，最后他终于背下了两三万个单词，成了一名不错的词汇老师。

第三件事是做新东方，目标明确：要做成中国最好的英语培训机构。然后俞敏洪就开始给学生上课，平均每天给学生上六到十个小时的课，很多老师倒下或放弃了，但是俞敏洪没有放弃，十几年如一日。俞敏洪始终梦想着把新东方这座房子建起来。如今，新东方这座房子已经建起来了，但俞敏洪依旧在努力着。

"金字塔如果拆开了，只不过是一堆散乱的石头；日子如果过得没有目标，就只是几段散乱的岁月。但如果把一种努力凝聚到每一日，去实现一个梦想，散乱的日子就积成了生命的永恒。"这是俞敏洪最终的总结。

对于罪犯来说，有明确的目标就是要设定好自己新生的奋斗方向，不管是出去找工作，还是创业，或者是做自由职业者。自己期望在一年、五年、十年后达到一个什么样的水平，这都需要有一个清晰的方向和目标。明确目标之后，前行的路才能走得更远。

科学计划，有保障

正如《礼记·中庸》中所说的那样："凡事预则立，不预则废。"每个人都有过梦想，实现梦想的前提就是制订切实可行的行动计划。计划，不一定成功；但不计划，一定不会成功。

科学计划是我们实现目标的重要保障。制订一个科学的计划，能对我们起到一个督促和提示作用。因为人总是有惰性的，罪犯出狱后，如果没有一个具体的计划，往往会出现有目标但不知道怎么去实现，或者付出一段时间的努力后，不知道下一步怎么办的情形。更有甚者，有些刑释人员走出高墙后仍是做一天和尚撞一天钟，过着慵懒散漫的生活。因此，如果在自己的总体规划下制订一个良好的计划，再根据计划的提示一步一步地去努力，实现目标是必然的。制订科学的新生计划，还有利于培养良好的习惯，可以让人变得不拖拉、不懒惰、不推诿、不依赖，养成一种做事成功必须具备的行为方式。

【案例链接】

张某20多岁时，因"拦路抢劫"，被判刑15年。在狱中，张某积极学习裁缝等技能，终于在2008年提前刑满释放。张某被释放后到处找工作，但是他一开始就没想好自己到底想做什么样的工作，只是抱着走一步看一步的想法，试试看。结果跑了大半年，却没有一家单位肯接收他。无奈之下，他只能跑到山里去挖黄土。他清晰地记得，那时恰逢三伏天，毒辣的阳光和蒸腾的暑气让人眩晕。在这之后，张某又陆续当过搬运工、卖早点、开摩的。虽然他已经尽力，但由于家里的开销很大，日子还是捉襟见肘。2009年年底，张某又萌发了创业的念头。他东拼西凑了 6 万元，在农贸市场租了摊位，做起了家禽销售生意。可不久后，禽流感暴发。张某眼睁睁地看着鸡一只只死掉，欲哭无泪。那几个月，张某亏了近万元。不能说他没有努力，只能说他努力的方法不对，没有一个明确的方向，没有一个合理的计划，不知道该干什么，更不知道如何干。他没有结合自身的特点优势，而是盲目地找工作。他总是觉得，在这个社会上，一个男人去做裁缝，没面子。他放弃了一项自己学了几年的技术，去追求一个不确定的目标，又没有形成科学的求职或者创业计划，遭遇失败是自然的。

因此，我们要做好自己的工作，要提高工作效率，必须有一个科学合理的工作计划，这是我们提高工作业绩的关键。当然，在做计划的时候要充分考虑自己可能遇到的困难，并对可能遇到的阻力有足够的心理准备。

职业规划，要系统

重新步入社会，是刑释人员人生的重要转折点，许多人为了在这个人生的转折点上实现良好的开端，在狱中便已经开始规划人生的蓝图，有很多好的想法。但要注意的是，应该结合自身的特点和优势来规划自己的未来，任何空泛的、盲目的和不切实际的想法都无济于事。对于未来规划而言，有生活规划和职业规划两个主要方面。刑释人员的生活规划千差万别，职业规划则相对有章可循，有一定的规律性。职业规划也是监狱教育改造的一个重点内容，目前全国已经有很多监狱都专门把罪犯的职业规划单列出来作为一个专项工作来开展。

职业规划是一个系统的工作，并不是一劳永逸的，要根据自己的情况和社会的变化适时地进行修正。职业规划可以由一个个的具体工作计划构成，包括短期计划、中期计划和长期计划。短期计划一般是指刑满释放后 1—2 年内的职业发展计划，中期计划是指刑满释放后 5 年的职业发展计划，长期计划是指刑满释放后 10—15 年的职业发展计划。职业规划是一个动态和静态相结合的整体，动态的职业规划是指在从进入监狱到走出监狱的全过程中，对自己释放后的职业生涯不断地进行规划—调整—再规划，而静态的职业规划在职业规划书上面，体现为一个个的工作计划书。

社会需要什么就学什么

罪犯可以通过电视新闻、报纸、杂志、书籍、网络、社会形势讲座等多渠道了解当今社会需要什么样的人才，哪些行业、产业是朝阳行业、产业。一方面，罪犯要积极参加监狱组织的各种技能培训项目，以及就业指导、创业培训和用工推介等活动；另一方面，罪犯要摆脱一厢情愿式的"干什么就学什么"的老套路，树立正确的就业观念，不放过任何一个可以学习新技术的机会，这样刑释之后才能够成为职场上的"香饽饽"。

学好什么出去就干什么

学好什么就出去干什么，这个很重要。有些刑释人员走出监狱后为了与服刑生活彻底"决裂"，把在监狱内学习到的技术、知识也一并抛弃了。这往往忽略了自己的优势和生存的道理，因为我们的生活与发展往往都是建立在先前的积淀之上的。学好什么干什么的前提是"学好某项技术、储备相关知识"。对于在出监监区的临释人员来说，积极参加监狱组织的职业技能培训，争取获得相应的职业技能证书，这样走出监狱便能顺利地找到对应的工作，实现由服刑人向职业人的转变。

认真撰写职业规划书

正如前文所述，我们需要对未来的生活工作有一个明确的目标和科学的计划，而撰写职业规划书就是使这些目标和计划书面化，形成文档材料。撰写职业规划书要实事求是，从自己的实际情况出发。

职业规划书至少应包括以下四个部分：

第一，未来计划从事的工作。

就是自己的目标职业、行业。这需要根据自己的兴趣爱好、家庭背景、入狱之前的工作经历、在监狱内学到的知识和技能等多方面的因素来综合确定。

第二，对于这份工作，我现在具备了哪些素质。

这是对截至撰写职业规划书时自己已经具备的技能、知识和素质的总结分析，以此发现自己的优势。

第三，对于从事这份工作，我现在还欠缺哪些素质。

这是把自己的目标工作所要求具备的素质和自己已经具备的素质进行一个对比分析，发现自己的不足，并针对这些不足进行加强，有针对性地提高自己。

第四，实现工作目标的时间表。

时间表是十分重要的，它具有督促和提示作用。这个时间表应该包括3个部分：一是上文提到的短、中、长期职业发展计划，即刑释后的第1年、第5年、第10年自己的职业目标；二是对自己在出监监区的时间规划表，针对自己的不足进行相应学习和提高的规划表；三是作息时间表，这主要是针对于那些没有良好生活习惯的罪犯而言的，要规划好自己未来生活的每一天时间。

按照上述四个部分，撰写好职业规划书，最好是写3份，自己留1份，给自己的家人1份，监狱留存1份。这样便于家人了解自己的想法和计划，通过与家人沟通，争取家人的理解与支持。同时，也便于自己的主管民警了解自己的规划，可以和民警交流，获取其意见和指导。

监狱不是人生的坟墓，不是耻辱的炼狱，不是犯罪人员互相毒害的罪恶场所。监狱是罪犯的重生之地,是罪犯家属的希望寄托,是社会道德进化的熔炉,是学习、劳动和职业技能提升的学校,也是培养合格社会人和优秀职业人的摇篮。

前方的路到底在哪里,最终还是得靠自己去把握,把握的关键在于对未来道路的选择。只要你能积极地总结经验、吸取教训,找对行动的方向,挫折也将成为人生的宝贵财富。未来的路还很长,人生中的困难也会不断出现,但是只要能找到正确的道路,努力完善自己,不断为自己创造机会,就一定能点亮未来的希望之灯。

思考题

1. 为什么要树立明确的目标?
2. 怎样做好职业规划?

第三节　少说空话，多做实事

> 非知之艰，行之惟艰。
> ——《尚书》

有些人在临释前对未来进行规划，制订了许多计划，诸如找一份好工作，开一个公司，孝敬父母，周游各地等。但是释放后仅仅停留在计划的层面上是远远不够的，应该积极地"走"出去，少说多做，用行动来实现自己的规划；勇于实践，不怕在实践中走弯路，用实践来完成自己的梦想。

知易行难，先要行动起来

有坚实的信念，有积极的心态，对于新的人生是十分必要的，但却不是全部。光有思想而没有行动，一切都是空谈。只有勇敢跨越"从知道到做到"的鸿沟，真正行动起来，才能开启崭新的人生。作为罪犯，学一门技术，学会自力更生，不管是在高墙里面，还是走出高墙之后，都是必要的。

【案例链接】

付某，曾经是一个典型的"思想的巨人，行动的矮子"。他看了两本经济学的书就认为自己是个商业奇才。由于对市场缺乏足够的实践，贸然下海经商，结果生意惨败。为了躲债，他干脆携款潜逃，后因不堪忍受担惊受怕的日子，又投案自首。最终，付某被法院判处有期徒刑7年。入狱后，付某一直反思着自己的失败。艰苦的生活条件并没有令他丧失自信和希望。当他找出失败的症结之后，便开始努力地改变着自己眼高手低的毛病。话少了，但是干活更卖力了。由于家里世代是医生，付某从小耳濡目染地学了不少中医知识。来到农场之后便潜心钻研医学，并向民警要求购买了大量中西医书籍。白天，他积极参加劳动，晚上挑灯夜读。但这次，付某不仅看重书本知识，更是积极地把自己从书本上学来的知识应用于实践。由于当时监狱的医疗条件不好，且医生少，病人多，农场医院经常忙不过来。付某就毛遂自荐去医院给医生当助手。由于他从小就经常给患有风湿的奶奶按摩，所以有狱友胳膊腿疼，都找他按摩。他也很热心地帮助别人。慢慢地，大家有一些别的健康问题也都找他来咨询。由于表现良好，半年后，经监狱管理局领导研究同意，把付某送进了劳改支队医训班脱产学医18个月。从此，他的人生发生了根本性的转变。1年半后，付某被留在劳改支队医院住院部从事医疗工作。在住院部，付某从事内科3年、外科2年，积累了丰富的临床经验，医治了一大批病人。服刑5年间，付某自学中医14门课程，西医13门课程，取得中医学院骨伤针推系大专文凭。付某积极为狱中病人看病，攻克了许多疑难杂症，多次立功，受到了监狱管理局和支队医院的表彰。因此，他被减刑2年半。1998年冬，付某回到了老家，继续保持在监狱中的学习精神和品质。第二年春天，付某报名参加全省乡村医生执业资格考试，以优秀的成绩取得了乡村医生执业资格证。付某经多年临床经验，成功探索出治疗类风湿性关节炎和腰椎间盘突出的方法。并在2005年4月，发明研制出治疗骨伤的"复方姜山七散剂"。该药品在同年4月25日，被相关机构评为"天然药物研究开发优秀成果一等奖"。2006年12月18日，付某被相关机构授予"风湿骨病专科名医"。正是付某意识到了知与行的关系，才成功开启了新的事业和人生。

踏实做事，勇于迎难而上

人生在世，做人是根本，做事是关键。诚实的做人之道，体现在踏实做事的优良作风中。刑释之后，只要为人正直，用心努力，做个受人喜爱的人并不是很难的事。

我们怎样才能铲除一切阻碍，做最踏实的自己呢？那就要坚定信心，不轻易动摇自己的信念。我们知道，但凡有所作为的人，都是在失败的打击和磨砺下能够重新站起来的人。在他们看来，无论是面对工作还是生活，只有一步一个脚印，踏踏实实做人，才能勇于应对挑战，在痛苦和磨难中屹立不倒，最终获得成功。

【案例链接】

36岁的李某刑满出狱后在县城开办了一家装饰公司，短短4年间就成了当地装饰业的"领头羊"，挣下百万家产。

这之前，李某因抢劫被判处15年有期徒刑。在出狱的时候他告诉曾经的狱友，他感谢这10多年的改造，让他认识到了自由的重要。刚出狱那段时间，李某也有过彷徨，人生没有目标也没有动力。他意识到再这样下去，估计就会走回头路。于是他决定从当"力哥"开始，从最简单的工作做起，来适应并认识社会。他先后当过送水工、推销员，吃了很多苦。1年后，他通过当业务员期间积累的经验，筹资3万元创办了装饰公司。在与客户的交往中，他不但不隐瞒自己的过去，反而主动向客户提起自己曾是罪犯，但人们并没有因他不堪的过去而疏远他，相反都觉得他诚实，装修的房子质量也好，业务络绎不绝，靠诚信和优良的业绩获得了良好的口碑。短短4年，他的公司就成为当地装饰业界的"老大"，创下了厚实的基业，成为当地小有名气的老板。

只要我们能从今天做起，从生活中的点点滴滴做起，那么我们就会走向成功；只要我们能够坚守自己的良心和原则，本分做人，那么我们无论是年轻还是年老，贫穷还是富有，都能保证自己一生都在追求成长。让生命中的每一天都过得快乐、富有和进取，我们就会愿意去迎接挑战并与他人分享。

少说多做，更易获得成功

"一打纲领不如一个行动"，说一千道一万，关键在行动。没有行动，喊再多口号都没有意义。要想成功地达到目标，实现梦想，就必须少说空话，努力工作。

古时候，有两兄弟看到大雁在不远处，弯弓欲射之时争执起来。一个吵吵着射下来要烹着吃，另一个嚷嚷着射下来要煮着吃。大雁就在两人的争论不休中飞远了。

在工作中，我们也常常能看到这样的人，要么只会坐而论道，沉迷于文山会海中，夸夸其谈，用嘴上、纸上的演示代替了真正的行动；要么在面对一项任务时，不想着赶紧寻找解决方法，只是一味抱怨。这两种人的结果都会是错失了解决问题的最佳时机，到最后什么也没做成。

只要留意，便不难发现，那些在事业上的成功者，无不是埋头工作、不尚空谈者；相反，那些夸夸其谈、爱说空话者，则与真正的事业成功无缘。社会需要的不是嘴上说得漂亮的人，而是踏实肯干的人，嘴上说得再好也比不上切实的行动。目标明确、计划制订之后，只有马上行动起来，才能让你有所收获，直至到达成功的彼岸。

思考题

如何才能做到少说空话，多做实事？

第四节 珍惜时间,少留遗憾

> 盛年不重来,一日难再晨。及时当勉励,岁月不待人。
> ——陶渊明

生命短暂,每个人都要非常珍惜时间,才能让时间在生命的历程中熠熠闪光,发挥最大的效用。古今中外,无数伟大的人都获得了成就,收获了成功,他们或许有着不同的天赋和机遇,但是他们一定都有着共同点,那就是珍惜时间,善于利用时间。

时间,需要细心品味

如果一个人能活75岁,他一生的时间大概是这样度过的:睡觉20年,吃饭6年,生病3年,工作14年,读书4年,体育锻炼、看电视、上网等娱乐活动9年,饶舌4年,打电话1年,无事等待4年,旅行5年,打扮修饰5年,作为普通人的时间在哪里悄然逝去一目了然。时间是公平的,每一个人的时间都是有限的,时间的含金量取决于生命的价值。任何人都有权利去度过一个有价值的人生,那么在有限的生命里该用什么样的态度去对待时间,做哪些事情才是有意义的?

对于刑释人员而言,出狱后的生活意味着可以有大量的时间去自由支配。同时,生存的压力和对新环境的不适应,往往使时间在茫然间从

指尖溜走。要时刻提醒自己,"一寸光阴一寸金,寸金难买寸光阴"。只有珍惜时间,积极开始新生活,勤劳肯干,才是财富积累的法宝。在珍惜时间、合理安排时间的同时,也要明白找到一份理想的工作可能需要花一些时间。任何一份工作,只有以正确的态度对待,投入热情和精力,勤劳踏实才能干好。

【经典故事】

一个流浪汉呜呜地哭着。时光老人问:"你为什么哭呀?"流浪汉说:"我少年时代玩玻璃球,青年时代玩纸牌,中年时代打麻将,家产都败光啦!如今我一无所有,我真后悔呀!"时光老人看他哭得可怜,便试探地问:"假如你能返老还童……""返老还童?"流浪汉惊讶地抬头将老人打量一番,"扑通"一声跪下,苦苦哀求:"假如再给我一次青春,我一定从头学起,做一个勤奋好学的人!""好吧!"时光老人说完,便消失了。

流浪汉一时间如梦惊醒,低头一看,欣喜地发现,自己已变成一个十来岁的少年,肩上还背着书包呢。流浪汉想起自己刚才说的话,便向熟悉的一所小学走去。路上,他看到几个孩子正在玩玻璃球,不禁手又痒了,他想,就玩几把吧,以后肯定不玩了。想着,便也挤进去玩了起来。他仍然按老样子生活,玩纸牌、打麻将……到了老年,他又懊悔地哭了起来。

这一次,他再次碰到时光老人。他"扑通"一声跪下,请求时光老人再给他一个青春。"我做了一件蠢事!"时光老人冷笑着,"给你再多的青春,你也不会得到真正的生命"。从此,时光老人再也没有多给谁一分钟时间!

兴趣,需要用心培养

兴趣是最好的老师,它可以指引你享受愉悦的精神生活。合理地规

划时间，打球、阅读、书法、绘画、弹琴、唱歌、下棋、旅行等业余爱好可以陶冶情操，也可以结交朋友，是业余生活的首选。主动接触和培养一项或几项业余爱好，将给生活带来焕然一新之感。如果没有健康的业余爱好，而是沾染了赌博、吸毒等恶习，便很有可能再次滑向犯罪的深渊而不能自拔，这是家庭和社会都不愿看到的。

【案例链接】

赵某因犯强奸罪，于2024年被判处有期徒刑5年。他小学没有毕业，入狱之前，除了课本，没有看过其他课外书。民警建议他多看些课外书。刚开始，他有些畏难情绪，总是以"文化程度低""没有兴趣""不适合读书"等理由逃避。于是，民警耐心劝告："学历不是障碍，兴趣都是后天培养的，没有哪个人天生适合读书。你目前最大的问题就是缺乏自信，不敢面对自己的短板。今后，你要鼓起勇气、迎难而上，可以先从篇幅较短的小说看起。"在民警的鼓励下，他开始尝试着阅读了《小兵张嘎》《老人与海》等篇幅较短的小说。随着时间的推移，他慢慢喜欢上了阅读，也慢慢建立了自信。在阅读完《狼烟北平》后，赵某说道："以前我从没有想过有一日，我会手捧一本数百页的书，有时间就去读，没有时间就挤时间去读，这是我从没想过也不敢去想的，可是这已经成为了现实。"

每个人要培养良好的兴趣爱好，让自己的业余生活丰富多彩起来，生活之路便会越走越宽，心灵也会更加敞亮，随之而来的是发自内心的愉悦和幸福。大千世界中，最伟大、最公正、最无私的是时间，最平凡又最珍贵的还是时间。正如美国科学家、政治家富兰克林说的："我们不能向别人多借些时间,也不能将时间储藏起来,更不能加倍努力赚钱买一些时间来用。唯一可做的事情就是把时间花掉。"生命有限,必须惜时如金,趁着大好时光多学点知识,在自己的有生之年争取干一番大事业,莫让光阴虚度。

家人,需要关心陪伴

孝敬父母、亲近家人是最值得投入时间的。大多数罪犯入狱前可能有美满的家庭,尽管这个家庭也可能会有诸多不如意和纠结的时候。但往往是罪犯在拥有它的时候没有好好珍惜,而经过了服刑生活后才刻骨铭心地感受到平凡亲情的无价和珍贵,才后悔没有多花点时间陪陪父母,因而盼望早日回家,尽自己为人子、为人夫、为人父应尽的义务。

【案例链接】

17岁的小明因聚众斗殴罪、盗窃罪,被判刑1年10个月。在一次读书分享活动中,他沉痛地说道:"上了初中以后,我开始追求刺激,喜欢跟朋友一起喝酒、打架、去球厅和使用不法手段获得金钱,然后给父母转钱,觉得自己很孝顺。但我经常惹是生非,到处打架,父母为我赔了更多的钱,现在我感到很自责。通过监区开展的'道德讲堂'的授课,我真正地理解了'孝道'的深层含义。父母需要的不是金钱,而是我的陪伴。不管是小时候还是长大后,我都应该顺从父母的意愿。这个月亲情会见时,父母对我说:'没人能够包容你,除了父母。'那一刻,我切实地感受到了'母爱如海,父爱如山'。随着我的长大和父母的变老,我慢慢地体会到了父母的不容易。父母的头发逐渐变白,父亲的肩膀也不再耸立了。现在我要努力成为家中的顶梁柱,不再让父母操心费神了。在以后的日子里，我会听从他们二老的意愿，让父母有我的陪伴。"

只有失去过，才知道珍惜。对于刑释人员而言，平静、幸福的生活来之不易，一定要珍惜与亲人相处的时间，多花点时间去陪陪身边爱你的人、你爱的人，珍惜重获的自由。"百善孝为先"，不要以"忙""没时间"这些借口，剥夺了父母享受天伦之乐的权利，也不要想着等自己有能力了再来孝敬父母。父母需要的不是金钱，他们的要求很简单，一声问候远胜过物质的慰藉，一次看望足以让老人开心很久。孝不仅仅在于形式，更在于我们的真情实意，趁现在还有机会珍惜这份亲情，还有机会尽到一个做子女的责任，好好把握，让自己少一些遗憾。

思考题

怎样更好地利用时间，去培养兴趣、陪伴家人？

推荐书目

1.《终身成长》，卡罗尔·德韦克著，楚祎楠译，江西人民出版社2017年版。

2.《认知觉醒：开启自我改变的原动力》，周岭，人民邮电出版社2020年版。

推荐电影

《阿甘正传》（1994年），罗伯特·泽米吉斯执导。

第四篇 和谐人际

和谐的人际关系是人生发展的基石，是一个人可依靠的最大资本。我们的事业、我们的人生不是上天安排的，而是我们主动争取来的。不论是与家人朋友相处，还是和乡亲邻里交往，如果能够始终抱着尊重的态度，怀着感恩之心，那么人生之路将会越走越通畅，越来越宽广。

【阅读提示】

1. 认识到亲情、友情和邻里之情的重要性，学会如何与家人、朋友和邻里进行交往。
2. 学会尊重自己和尊重他人，增强待人接物的能力。
3. 能够常怀感恩之心，学习乐于助人、甘于奉献的精神，以便于更好地融入社会，拓宽人生之路。

第一节 亲情无价,温暖永存

> 慈母手中线,游子身上衣。
> ——孟郊

正所谓"血浓于水",虽然人世间的情感有很多种类,但亲情往往是世界上一种最真挚、最深厚、最牢固的情感。亲情之所以有别于其他情感,关键在于亲人之间,彼此都有一份不求回报的互爱。

亲情,乃无价之宝

现代作家、诗人、被称为"世纪老人"的冰心,曾在1923年写给母亲的诗歌《纸船》中写道:"我从不肯妄弃了一张纸,总是留着——留着。叠成一只只很小的船儿,从舟上抛下在海里。有的被天风吹卷到舟中的窗里,有的被海浪打湿,沾在船头上。我仍是不灰心的每天叠着,总希望有一只能流到我要它到的地方去。母亲,倘若你梦中看见一只很小的白船儿,不要惊讶它无端入梦。这是你至爱的女儿含着泪叠的,万水千山,求它载着她的爱和悲哀归去。"

在这个世界上,有一种感情不会因为障碍而退缩,不会因为时间而变迁,无论你变成什么样子,这种爱永远不会改变,这就是父母、亲人给我们的爱。亲情无价,它是块无瑕的宝玉,在茫茫人世间,在时光的洗涤下,那份晶莹、那份纯洁、那份热烈、那份持久,令人感动而永远

不会改变，因为那是大自然的恩赐。

在无助的人生路上，亲情是持久的动力，给予我们无私的帮助和依靠；在寂寞的情感路上，亲情是真挚的陪伴，让我们感受无比的温馨和安慰；在无奈的十字路口，亲情是清晰的路标，指引我们成功地到达彼岸。当从监狱走出来迎接开放、自由的生活时，亲情犹如不灭的灯火，变得更加明亮……

被爱，是一种幸福

小时候，我们常常哼着"世上只有妈妈好，有妈的孩子像块宝，投进妈妈的怀抱，幸福享不了"的歌。亲情给了我们巨大的精神能量。当面对失败和挫折时，亲情是一剂良药，医治内心的失落和空虚，然后重整旗鼓；当面对误解和仇恨时，亲情是一杯凉水，浇灭你那心头的怒火，然后坦然面对；当面对赞扬和奉承时，亲情是一把锥子，刺破你那虚无的梦，然后不断进取；当面对烦恼和忧愁时，亲情是一阵轻风，吹去你那杂乱的思绪，然后平和释然。亲人的爱和呵护教会了我们很多，也给予了我们很多，当我们犯错时，亲情就是父亲扬起的手掌、颤动的双唇和恨铁不成钢的怒容；当我们受委屈时，亲情就是母亲灼灼的泪水、柔情的抚慰和温暖舒适的怀抱。

【案例链接】

刘某因抢劫罪被判刑，入狱1年了，从来没人来看过他。看着别的犯人隔三岔五就有人来探监，刘某很羡慕，就给父母写信，希望他们也能来看看他，不为好吃的，就是想他们。在无数封信石沉大海后，刘某愤怒了。他以为父母抛弃了他，伤心和绝望之余，他又写了一封信，说如果父母再不来，将永远失去他这个儿子。

有一天，天气特别冷，忽然有人来看他。进到探监室一看，刘某呆了，是母亲！才1年不见，母亲已经变得认不出来了。才50岁开外的人，头发白了一半，腰弯得像虾米，人也瘦得不成形，衣裳破破烂烂，一双脚竟然光着，满是污垢和血迹，身旁还放着2只破麻布口袋。了解之后才知道，原来刘某的父母不是不愿意来看他，而是因为闹猪瘟，家里的几头猪全死了，天又干旱，庄稼收成不好，再加上刘某的爸爸身体不好，看病又花了很多钱，实在是没空也没有钱去看刘某。而母亲为了省钱，不得不步行几十里坑坑洼洼的山路，来看他。看着那磨破了的鞋子、一双又红又肿的手和裂了许多血口的脚，所有人都流泪了。

母亲打开随身带来的两只破布口袋，第一只口袋倒出的全是馒头、面饼什么的，四分五裂，硬如石头，而且每个都不一样，不用说，这是母亲一路乞讨来的。第二个口袋倒出的是一个骨灰盒，母亲见瞒不下去就道出了实情，原来刘某的父亲为了攒钱来看刘某，没日没夜地打工，身体被累垮了。临终前说，生前没来看刘某，心里难受，死后一定要刘某的母亲"带"他来看刘某一眼。刘某听了母亲的诉说，瞬间失去了知觉，脑子一片空白。原来自己一直误解了父母。

拥有爱，是一种幸福。这个故事让我们感动，然而感动之余我们要做的是学会珍惜亲人给我们的爱。正是血浓于水的亲情，谱写着我们的多彩人生。过去有句话叫"养儿方知父母恩"。父母养育我们的辛劳是不言而喻的。儿行千里母担忧，当你在铁窗内煎熬，渴望能够早日重获自由与家人团聚的时候，父母亲人也在苦苦等待、牵挂着你。而我们对亲人最好的报答就是好好生活，踏实做人。中国有句古话叫"子欲养而亲不待"，有些事可以等，但唯独孝敬父母是不能等的。

改过，会重获亲情

爱是相互的，我们在期望家人关怀、理解的时候也要学着去包容、理解家人。家人是我们最熟悉的人，因为太熟悉，我们有时甚至感受不到他们的爱、他们的关心；因为太熟悉，所以我们忘了他们和我们一样，也有优点和缺点。在现实生活中，家人之间往往也会产生摩擦和矛盾。对此，我们要学会换位思考，体谅他们。在我们犯错的时候，由于"爱之深，责之切"，可能一时得不到家人的谅解，但只要我们勇于面对错误、改正错误，最终总是会获得家人的理解。

【案例链接】

胡某与母亲有很深的矛盾，胡某认为父亲的病亡与母亲有很大的关系。在一次激烈的争吵后，胡某情绪激动放火烧了自家院子，因此被判刑入狱。服刑期间胡犯一直对母亲怀有深深的怨恨，在监狱民警的建议下参加了"内视观想"改造项目。通过7天的内观，胡某体验了"对原生家庭的检视""计算养育费""自我审视24条"等内容，他终于认识到自身存在的自私、欺骗、脾气暴躁等问题，也学会了站在母亲的角度考虑问题。最终胡某放下多年的积怨，主动向母亲表达悔意，并得到了母亲的谅解。

有的人在犯了错之后，不敢勇敢地面对错误，甚至对和错误相关的人和事讳莫如深。但是，只有勇于面对自己人生的污点，积极改正，才是真正对自己的人生负责。亲情是一朵坚韧而又娇嫩的花，需要我们辛勤地浇灌和悉心地呵护。在接受亲人关怀和呵护的时候，我们也应该想想我们能为亲人做些什么。行动是最好的语言，也最能表达对亲人的歉意，从现在起，树立坚定信心，真心改正错误，做一个父母眼中的好儿子、好女儿，做一个孩子心中的好父亲、好母亲。

思考题

如何理解亲情？怎样做才能重获亲情？

第二节　友情可贵，真诚体贴

> 海内存知己，天涯若比邻。
> ——王勃

英国哲学家、文学家弗朗西斯·培根说："当你遭遇挫折而感到愤懑抑郁的时候，向知心挚友倾诉可以使你得到疏导，否则这种积郁会使人致病。"俗话说，人总是乐于把最大的奉承留给自己，而友人的逆耳忠言却可以治疗这个毛病。朋友之间可以从两个方面提出忠告：一是关于品行的，二是关于事业的。

人总是在艰难的日子里，才体会到友情的可贵。即将出狱的时候，你也许会在心里忐忑自问：朋友，你可还记得我？

擦亮双眼，辨识真友

人的生命中，真正的朋友会在你伤心的时候送上真诚的安慰，失落的时候予以温情的鼓励，可以陪你哭、陪你笑，一路相随，相互扶持。真正的朋友是山，一派尊严；真正的朋友是水，一脉智慧；真正的朋友是泥土，厚爱绵绵。在你得意时，热情对你；而在你困难的时候，奚落挖苦、落井下石的人，并不是真正的朋友，应当尽快远离。真正的朋友不会因为你身上曾经的污点而疏远你，背弃你；真正的朋友可以与你背靠背、肩并肩、共荣辱、同患难，

会在你犯错的时候给你敲一记警钟，在你困难的时候与你共同应对。

【经典故事】

傍晚，一只羊独自在山坡上玩，突然从树林中窜出一只狼来。狼要吃羊，羊跳起来，拼命用角抵抗，并大声向朋友们求救。牛望了一眼，发现是狼，跑走了；马低头一看，发现是狼，也一溜烟跑了；驴停下脚步，发现是狼，悄悄溜下山坡；猪经过这里，发现是狼，冲下山坡；兔子一听，更是箭一般离去。山下的狗听见羊的呼喊，急忙奔上坡来，一下咬住了狼的脖子，狼疼得直叫唤，最后仓皇逃走了。回到家，朋友都来了，牛说："你怎么不告诉我？我的角可以剜出狼的肠子。"马说："你怎么不告诉我？我的蹄子能踢碎狼的脑袋。"驴说："你怎么不告诉我？我一声吼叫，吓破狼的胆。"猪说："你怎么不告诉我？我用嘴一拱，就让它摔下山去。"兔子说："你怎么不告诉我？我跑得快，可以传信呀。"唯独狗没有说话。

在这个故事中，谁是羊真正的朋友是显而易见的，但在现实生活中要辨识出谁是真正的朋友却没那么简单。"路遥知马力，日久见人心。"由点头之交变成真正的朋友，必须经过长时间的考验，而不仅仅是兴趣相投、一见如故的融洽投机，或者酒肉朋友、哥们义气的喧嚣热闹，又或者商场上的互相利用、官场上的逢迎拍马和情场上的柔情蜜意。俗话说："千金易得，好友难求。"到底谁是真正的朋友？也许，服刑经历会是一个很好的检验。

关心朋友，掌握分寸

俗话说："人心换人心。"若想交到真正的朋友，首先就要关心别人，这样对方才会把你当成真正的朋友。当然，关心并不是为了得到回报，诗人纪伯伦曾说过，友谊永远是一个甜柔的责任，从来不是一种机会。如果关心对方一定要为了什么的话，那么就是为了彼此间的深厚感情。

对朋友表示关心是必需的，但是也要把握一个度。关心并不是越多越好，过度关心有时会产生副作用。有些人与自己的挚友形影不离，让人羡慕，殊不知这样最容易损害彼此的关系。人总是需要有个人空间的，如果你过分介入朋友的生活，对方就会产生反感，即便起初两个人的关系非常融洽，但时间长了也会产生矛盾。

每个人都需要秘密，总有些事情不希望被人知道，即便是亲密无间的朋友。在与朋友的交往中，如果你总是不把自己当外人，那么必定会为人所不喜，由此造成对方的戒备心理，使得双方之间产生隔阂。关系太好的朋友不出问题还好，一出问题就必定是大问题，轻者彼此会产生意见分歧，严重者会导致朋友关系的破裂。过分关心朋友不仅对彼此间的关系有损害，还会对本人的生活造成不良的影响。

总而言之，关心朋友不要过分，关心也不是越俎代庖。其实，关心朋友就在于信任他，相信他能为自己的事负责，并相信他能解决好自己的问题。真正的朋友不会去担负自己不该负的责任。

以德报怨，多予少取

《道德经》中说："大小多少，报怨以德。"意思是不必去计较那些大大小小、纷纷扰扰的事，用德行来回应怨恨。刘少奇同志在《论共产党员的修养》中指出，对自己的同志和兄弟能够以德报怨。

以德报怨，可谓交友之中的重要一环。能以德报怨者，应该是心修到一定境界、识修到一定境界的脱俗者，是贤人，是圣人。当然，没有与人为善的愿望，没有博大的胸怀和宽宏的气度，是很难做到这一点的。

以德报怨，是解决仇怨纷争的有效招法。别人对我以恶，我对别人以善，其恶也就无从为恶。相反，如果以怨报怨，以牙还牙，以毒攻毒，虽然可以解一时之气，却难以平息由此产生的严重后果，结果总是导致仇人增多而友人减少。

【经典故事】

梁国有一位叫宋就的大夫，担任边境的县令，这个县与楚国相邻。梁国的边亭和楚国边亭都种瓜，各自都有种瓜的数目。梁国边亭的人勤劳尽力，经常灌溉瓜田，因此瓜香甜繁茂；楚人懒惰不经常灌溉瓜田，因此瓜长得不好。楚国的县令因为梁国的瓜长得好，于是便责骂自己边亭的人没有把瓜种好。楚国边亭的人因梁国边亭的人比自己贤能而产生了憎恨之心，于是就趁着夜色偷偷地到梁国边亭的瓜田里拔扯瓜，致使很多瓜都蔫死枯黄了。梁国边亭的人知道了这件事后，就向亭尉请示，也想要偷偷地到楚国边亭的瓜田里拔扯瓜。亭尉就此事请示宋就。宋就说："不行！怎么可以这样做？这是结怨招祸的办法。别人为非作歹你也效法为恶，那样心胸就太狭窄了！如果让我来教你们，一定是每晚派人到楚国边亭的瓜田，偷偷地为楚国边亭的瓜田浇水灌溉，并且不要让楚人知道。"于是梁国边亭的人每天晚上都偷偷地去浇灌楚国边亭的瓜田。楚国边亭的人天明时浇灌瓜田，发现都已经浇灌过了。瓜一天天越长越好，楚国边亭的人感到很奇怪而仔细检查，才知道是梁国边亭的人做的。楚国县令听说后非常高兴，把这件事告诉给了楚王。楚王听完后，又忧虑又惭愧，从内心感到自责，他对官吏说："莫不是那些拔扯瓜的人还有其他的罪过？这是梁国在暗中以礼谦让啊。"于是楚王用厚礼向宋就表示歉意，希望和梁国国君结交。楚王时常称说梁王，认为他是守信之人。所以梁国和楚国的结好，是由宋就开创的。

在遭遇伤害和冷遇时，如果我们不针锋相对地回击，而是以友善来浇灌对方的"瓜田"，双方必定可以得到融洽的沟通，矛盾才能得到圆满的解决，人世间也会因此减少很多人为的纷争。

另外，交友之道还有一个重要原则，就是多予少取。而给予也是有讲究的，给予应当在别人最需要帮助的时候雪中送炭，而不是锦上添花。大家都给予的时候，你的给予就会显得微不足道，对方也无法感受到你的诚意。因此，在危难时刻，给予他人帮助，别人才会感激你。

俗话说："患难见真情。"当我们落难或身临困境时，那些向我们伸出援手的朋友，相信每个人都会将其铭记一生。同样，在看到朋友遭遇困境时，尽自己所能，伸出援助之手，一个看似微小的帮助就可能改变他的人生轨迹，让其终生难忘。

思考题

如何理解友情？怎样维护与朋友之间的关系？

第三节 芳邻如酒，愈久愈醇

> 远水难救近火，远亲不如近邻。
> ——《增广贤文》

唐代李延寿《南史·吕僧珍传》中有这样一个故事：南朝宋人季雅被贬为南康（今江西赣州市南康区）郡守后，买下了当时辅国将军吕僧珍隔壁的一处宅院。吕僧珍问房价多少，季雅回答："一千一百万钱。"吕认为太贵，季补充说："我是用一百万钱买房子，而用一千万钱买邻居啊！"可见，古人对于邻里关系是多么重视。

邻里环境对一个人的成长，尤其是对孩子的成长至关重要。环境能塑造人的性格，影响人的行为方式。谋求一个健康和美的邻里环境是人们一直追求的目标。

有一个好的邻里关系，会让自己受益无穷。孩子的成长需要适当的环境，而邻家善良可爱的孩子可以成为自己的小伙伴。这对于形成小孩的品格及个性十分重要。

【经典故事】

"孟母三迁"的故事很多人都耳熟能详。孟子小的时候，父亲早早就离世了，母亲守节没有改嫁。一开始，他们住在墓地旁边。孟子就和邻居的小孩一起学着大人跪拜、哭号的样子，玩起办丧事的游戏。孟母看到后心想，不行！不能让孩子住在这里了！孟母就带着孟子搬到市集，住在靠近杀猪宰羊的地方。到了市集，孟子又和邻居的小孩学起商人做生意和屠宰猪羊的事。孟母知道后还是不满意，这个地方也不适合孩子居住！于是，他们又搬家了。这一次，他们搬到了学堂附近。每月阴历初一这个时候，官员到文庙，行礼跪拜，互相礼貌相待，孟子见了之后都学习记住。孟母很满意地点头，心里暗想，这才是孩子应该住的地方呀！于是定居在这个地方。后来这个故事广为流传，世人用"孟母三迁"来表示人应该接近好的人、事、物，才能学到好的习惯，而友好的邻里关系就为我们的生存和发展提供了这样一个良好的环境。

近邻犹如亲人

和谐互助的邻里关系给我们提供了良好的生活环境，很多人都知道应该与邻里和谐共处，但能够做到的并不多。在中国，越来越多的城市居民开始"躲进小楼成一统"，邻里之间"对门不相识"。因矛盾、纠纷"老死不相往来"的情况比比皆是，甚至有人就是因为在与邻居发生冲突时处理不当而走进了监狱。邻里间的良性互动、彼此帮助，以及相互照应，能够成为增进社区安全的"助推器"、推动社会团结与和睦的"润滑剂"。只有家庭、邻里都能融洽相处，我们才能够建设起和谐社会。

不管我们居住在城市，还是居住在乡村，我们都和左邻右舍朝夕相处。除了属于自己的那个温馨小家，邻家即成为我们必须接触的最小单位。邻里，"近在咫尺"，他们的适时帮助，体贴照顾，能解燃眉之急。邻居不是我们的亲人，但有时对我们如同亲人一样亲。邻居间的情感不是亲情，有时却更胜于亲情。

【案例链接】

在南京市某住宅楼，一住户家的 7 岁孩子玩火点燃了煤气罐，火势迅速发展，幸亏对门邻居及时发现，并通知楼下住户，大家带着灭火器控制了火势，消防队员赶到后将火扑灭。"要不是邻居们，煤气罐估计就爆炸了！"户主杨先生感激不已地说道。真所谓"苍天无情，人有情"。正是有了一个个的好邻居，才避免了许多人间悲剧的发生。

比邻而居，时时相见，倘若邻里关系融洽，每天笑脸相迎，不仅心情舒畅，遇事还有个照应。很多时候，都是近邻向危难之中的我们伸出了援助之手。我们要珍惜和维持和谐融洽的邻里关系，为整个社会的和谐、稳定做出自己应有的贡献。

学会与邻为善

至今，邻里关系仍然是社会人际关系中的重要组成部分，甚至事关家风、民风和社会风气。邻里之间相处，需要秉承亲仁善邻、与邻为善的理念，讲宽容，讲谅解，讲团结，讲风格，讲友谊，重情感，努力做到利益面前多让步，困难面前多救助。只有如此，才能建立起互相尊重、和谐融洽的邻里关系。相反，一个人整天游手好闲、斤斤计较，还经常干些偷鸡摸狗、危害四邻的事情，怎么能得到邻居的尊重和友爱呢？

【案例链接】

于某年近50岁，一直未婚，性格怪异，喜欢较真，疑心较重，平时与邻里关系较差。某次与邻居发生争执后，他觉得自己受了欺负，愤愤不平，长久难以释怀，于是伺机报复。经事先谋划，于某使用事先准备好的汽油等引燃物，将被害人庄某停放在路边的一辆轿车焚毁，经鉴定，该车辆价值8万余元。同时，于某此举还致使他人停放在旁边的一辆白色轿车尾部油漆、车灯及车内线路损坏,维修价格为6000余元。最终,于某因犯放火罪,被人民法院判处有期徒刑5年。

像这样的例子还有很多。这些人往往以自我为中心,狭隘偏激,利用邻居对其没有防备之心,而做一些侵犯邻居利益的事情,给街坊四邻造成了很大的困扰和伤害。要想邻居对自己友善相待,首先要做的就是与邻为善,想想自己在生活中能为邻居做些什么。许多人的行事原则是"各家自扫门前雪,休管他人瓦上霜",但是如果力所能及,为什么不能帮助他人管管"瓦上霜"呢?看到邻居有难,就伸出援助之手,在自己有余力的时候能多做些就多做些,在点滴的积累中使邻居认识到,相互友善相待是他们的一种幸福,从而获得邻居的信任和尊重,打造一个和睦的邻里关系。

邻里需要谦让

在人际交往中,大大小小的摩擦总是难以避免的。邻里之间,也难免会有口角和矛盾,倘若处理不好邻里关系,每日横眉冷对,恶语相向,只会给生活平添烦恼。处理邻里关系的重要原则之一就是"谦让",不能锱铢必较。正所谓"忍一时风平浪静,退一步海阔天空"。

【经典故事】

清代康熙年间,文华殿大学士兼礼部尚书张英在桐城的家人与吴家发生宅基地纠纷。吴家打算扩大府邸,便在邻居张家身上打主意,要张家让出三尺的地方。张家非常气愤,立即写信给京城的张英,要求他出面干

预。张英却只回诗一首："千里家书只为墙，让他三尺又何妨？万里长城今犹在，不见当年秦始皇。"张老夫人看后立即退后三尺筑墙，吴家为此羞愧难当，遂也退后三尺，这样两家之间便形成了著名的"六尺巷"。张家当时不但没有恃强凌弱，还主动谦让，使两家最终冰释前嫌，化干戈为玉帛。张英这种大度的作风也一直为后世所传颂。

邻里朋友之间相处要多一份爱心，少一份刻薄，多一份理解，少一份攻击。让空间多一份明媚，少一份暗淡。都说人间有情，世间有爱，相信只要我们人人都做到真善美，一定会拥有一份和谐的人际关系。

思考题

如何正确处理邻里之间的关系？

第四节　待人接物，尊重为先

爱人者，人恒爱之；敬人者，人恒敬之。
——孟子

无论你将来选择什么样的生活方式，做什么样的工作，我们每时每刻都在与人接触，都不可避免地要与人打交道。待人接物是一门艺术，中国自古以来就是礼仪之邦，而互相尊重则是所有处世之道中较为重要的一个原则。要想建立和谐的人际关系，尊重是开始。尊重包括尊重自己，尊重他人。这里所说的尊重并不是一个抽象的原则，它体现在一些具体的行动上，渗透在点滴的细节中。对于自己，尊重体现在恪守承诺、言行一致、遵守时间、遵守公序良俗、不卑不亢、不妄自菲薄也不妄自尊大。对于他人，尊重体现在倾听他人的声音，对他人的意见、想法予以重视和理解，谦虚待人，平等对待身边的每个人。

尊重自己

要想获得别人的尊重，先要学会自尊与自爱。有的人在犯了错之后，往往不敢勇敢地承认错误，甚至对和错误相关的人和事讳莫如深。罪犯勇于面对自己人生中的服刑经历，积极改正，才是对自己人生的负责，对自己的尊重。

【名人故事】

著名作家沈从文小时候特别淘气，为了去看木偶戏，他经常逃课。有一天早上，他又趁着老师不注意，从课堂里溜出来了。那天村子里正在演"孙悟空过火焰山"这出木偶戏，沈从文看得津津有味，捧腹大笑，一直到太阳落山，他才恋恋不舍地回到学校。此时，老师和同学都已回家了。

沈从文本想这件事会过去，但是第二天，他刚进校门，老师就严厉地责问他昨天去哪里了。他满脸绯红，支支吾吾地答不上来。老师气急败坏地罚他跪在树下，并大声训斥道："你看，这楠木树天天往上长，而你却偏偏不思上进，甘愿做一个没出息的'矮子'。"

第三天，老师走到他身边，又对他说："大家都在用功读书，你却偷偷溜去看戏。昨天我虽然批评了你，可这也是为了你好。一个人只有尊重自己，才能得到别人的尊重。"听了这一番话，沈从文感动得流下了眼泪。他暗暗发誓，一定要记住这次的教训，做一个受人尊重的人。从此之后，他发奋图强，严格要求自己，长大后成了因《边城》而为人熟知的著名作家。

沈从文能够勇敢地面对错误，以一种尊重自己的人生态度获得了别人对他的尊重。而反观有些人，总是沉浸在对过去的沮丧中，不能正视自己犯下的错误，在和他人交往的过程中，由于自卑心理而畏首畏尾，甚至是深陷不良的情绪中一蹶不振，这样在不断地自我否定中，终将丧失自尊，既走不出过去，也走不进未来。社会上，也有一些人实施违法行为后不仅不知错即改，反而试图通过变本加厉的暴力行为进行掩盖或逃避。而且，这些人还把逃避惩罚作为资本向外炫耀，不以为耻，反以为荣，羞耻心与自尊心荡然无存，怎么可能获得别人的尊重？所以，要想别人尊重自己，先要学会自己尊重自己，不做违反道德良心和法律法规的事，做一个堂堂正正的人，才能"身正不怕影子斜"，最终获得别人的尊重。

尊重他人

"尊重他人"是一个恒久的话题,但它绝不是泛泛而谈的,尊重他人往往体现在人的一言一行中。一举手一投足便能折射出一个人的品质。不管对方的角色、地位、职业、年龄、身体状况、作风怎么样,我们都要予以尊重和理解。

在生活中,尊重他人需要我们做到两点:一是尊老爱幼。父母子女是我们最亲近的人,"尊重家人"本该是"尊重他人"中最重要的一点。但是尊重父母和子女往往被很多人所忽视。很多人可能习惯了衣来伸手、饭来张口地依赖父母,对父母的建议和想法置若罔闻;很多人可能习惯了对子女打骂式的教育,动不动就体罚责骂子女。这些行为看上去是那么普遍而平凡,但是往往会给家庭生活带来一些潜在的消极影响。二是尊重他人的想法。每个人的价值观念、理想追求都是不一样的,我们不能把自己的观点强加给别人。要学会倾听他人的想法,适应他人不同的生活习惯,理解他人做出的选择。中国儒家传世经典《论语》中"己所不欲,勿施于人",说的就是自己不希望他人对待自己的言行,自己也不要以那种言行对待他人。因此,在生活中,要谦虚仁和,尊重他人。

【经典故事】

有一个人想用零钱坐公交车,看到旁边有一个报刊亭,于是扔给卖报老人一张百元大钞,傲慢地说:"赶紧找钱!"卖报老人非常生气,说:"我可没工夫给你找钱。"说罢,就夺回了那人拿在手里的报纸。那人很生气,可也没有办法。

这时，第二位顾客也遇到了类似的情况，不过他就比第一个人聪明多了。只见他笑眯眯地走到报摊前，对老人恭敬地说："大爷，我碰到了一个难题，您能不能帮我一下？我现在只有一张百元钞票，可我真的想买份报纸，可以吗？"

老人笑了，他温和地说："我今天刚开张，零钱真不多。不过冲你这态度，还是卖给你吧！"说着，就把一份报纸塞进他的手里。

一个人只有懂得尊重别人，才能赢得别人的尊重。恪守礼仪，养成尊重别人的习惯，才能拥有良好的"环境"，从而获得人生新的发展契机。只有在心理上有尊重别人的想法，才可能做出尊重别人的行动。所以，我们必须牢记，每个人在人格上都是平等的，不卑不亢，才是与他人进行沟通与交往的正确态度。

思考题

在与人交往的过程中，怎样才能做到尊己敬人？

第五节　感恩之心，奉献之心

> 人家帮我，永志不忘；我帮人家，莫记心上。
> ——华罗庚

"感恩的心，感谢有你，伴我一生……"一首《感恩的心》唱出了无数人的心声，熟悉的旋律也让我们想起那些曾经帮助过我们的人，也许仅仅是一个微笑、一声鼓励、一句安慰、一个扶持，都曾温暖过我们的心。古人说，滴水之恩，当涌泉相报。感恩，是我们民族的优良传统，也是一个正直、有良心的人所应具备的基本品德。

感恩使人幸福

感恩，是人生的一条基本准则，是一种人生品质的体现，是一切生命美好的基础。感恩是生活中的大智慧，能使我们感受到人类文明的奇妙、生活的美好，能使我们保持积极、健康、阳光的良好心态，感恩使人感到幸福。

【案例链接】

小梅是一个重点大学毕业的师范生。她毕业后，毅然选择回到了家乡——一个偏远的小山村教书。她是一个非婚生女，母亲把她生下来后就把她送到了乡下外祖父母那里，从此杳无音信。外公是个好面子的人，女儿做出如此伤风败俗的事情，让他实在想不通也无法容忍，全家人也因此在村里抬不起头。对小梅母亲的恨铁不成钢，也影响了外公外婆和舅舅对小梅的态度。外公从来没有抱过小梅，小梅对外公最深的印象就是他的背影，因为外公一看见小梅就转身离开。小梅的舅舅、舅妈也不待见小梅，经常拿她撒气。舅舅家有个女孩，比小梅小几个月，也总是跟小梅争东西。唯一对她比较关心的外婆在她5岁的时候就去世了。村里的孩子都欺负她，说些很难听的话，甚至用小石子砸她，所以小梅在上学前基本不出门，总是一个人躲在屋里看小人书，上学后也受尽了同学的奚落和老师的冷漠。

但是当小梅提到自己的成长经历时，居然说自己在一个幸福的环境中长大，对亲人和朋友都充满了感恩。在她眼里，外公每次进城时都会给她带回很多书。而外公临终时只对舅舅说了一句话："小梅这孩子太可怜了，一定要让她读书，让她有机会离开大山。"所以她感恩外公。她对外婆的印象很少，但是她小时候一直都跟外婆住在一起，一直由外婆照顾，所以她感恩外婆。对舅舅，她提到了一件事。有一次舅舅从外面回来，给她买了一个跟表妹一模一样的书包。她因此认为舅舅对她和表妹是一视同仁的，所以她感恩舅舅。舅妈在外婆去世后，一直照顾她的生活，即便很辛苦也一直没有把她送人，所以她也感恩舅妈。小时候没有小伙伴，跟她玩得最多的是她的表妹，所以她也感恩表妹。老师教她知识，她也充满感恩。

我们周围经常可以见到一些不停埋怨生活琐事的人。单单一个"天气不好"，他们都能抱怨半天。这个世界对他们来说，到处充斥着不快乐，永远都无法如他们的意，并且总把不顺心的事挂在嘴边，念念叨叨。这不仅让自己感到很烦躁，也让别人觉得很心烦或者不安，影响人际关系。心怀感恩，对别人、对环境就会少一份挑剔，多一份欣赏和感激，从此人的生命中也多了许多美好与感动。生命中的每个人、每件事都是上天给我们的一种恩赐，它们让我们的生命更加丰富。幸福并非遥不可及，只是需要以一颗感恩的心，去接纳生活的恩赐。保持一个阳光的心态，去感恩所有，感谢生活，那生活便会幸福无比。

常怀感恩之心

无论你是富足还是贫穷，作为社会的一分子，我们总是依赖于我们所生存的大环境，从社会中获取生存与发展的条件。父母对我们的生养之恩，老师对我们的教导之恩，领导、同事对我们的帮助之恩，甚至是陌生人的一个微笑、一句安慰都是我们生命中不可缺少的温暖与幸福。一个懂得感恩的人一定是一个有智慧的人。他不会因为自己没有拥有更多的物质财富而斤斤计较，不会一味索取而私欲膨胀，不会因为一时的挫折而一蹶不振。世界因为感恩，所以美丽。帮助他人是一种美德，是人与人之间关爱的体现，作为一个受助者，应该保持一颗感恩的心。

【经典故事】

有一个绅士，每天都会慷慨地给在公司楼下乞讨的乞丐一些钱。开始时，绅士每次给乞丐10个便士，后来变成了5个，又过了一段时间又减为了2个。乞丐见钱越来越少，终于忍不住问绅士："为什么一次次地克扣给我的钱？"绅士说："刚开始时我单身，手头较宽裕所以多给；后来结婚了，要养家就只能给5个了；再后来有了儿子，所以开销变大只能给2个了。"乞丐听到这样的解释后，气愤地质问绅士："你凭什么把我的钱拿去养你的老婆儿子呢？"

乞丐的想法简直就是一个笑话。但是我们身边却有不少这样的"乞丐"。尤其是面对我们的亲人和朋友的时候，我们总是把父母对我们的无悔付出当成理所当然，把别人对我们的帮助当作应尽义务。对别人的帮助不但不知道感恩，而且一旦帮助的力度没有自己期望的那么高时，就开始心生不满。当被判入狱时，他们怨父母没有足够的关系把自己"弄出去"；当没有成功的事业时，又开始怨父母没有足够的金钱和社会关系支持自己；当妻子提出跟自己离婚时，怨妻子不仁不义；当朋友拒绝我们的要求时，我们又埋怨朋友的不讲情面，不帮自己。总之，周围的人都是欠着自己的。对别人给予我们的付出视而不见，心安理得地享受别人对我们的帮助，不停地向社会、向他人索要，一旦受挫，便觉得别人对自己太刻薄，社会对自己太冷漠。当我们心生不满的时候，是不是应该先想想别人和社会是不是真的亏欠我们呢？

羔羊尚能跪乳，乌鹊犹能反哺，我们又岂能没有感恩的心，感恩父母和朋友呢？感恩不只是一种直接的物质回馈，也是一种心灵的境界。我们必须时刻拥有一颗感恩的心，精心地呵护它，学会感恩，懂得感恩。因为感恩，我们感受到更多的幸福；因为感恩，我们少了抱怨；也因为感恩，生命在绚丽中绽放；因为感恩，心灵在成长中净化。

赠人玫瑰手有余香

有的刑释人员会因为自己曾经的生活经历而自我鄙视、消极顺从、疑虑恐惧、神经过敏。他们对前途丧失信心，对周围的人缺乏热情，沉默寡言。久而久之，就与周围的人格格不入，甚至产生强烈的反社会心理，出现这样的情况极不利于处世为人。因此，怎么能够更好地融入社会，消除沮丧，重建快乐，对于刑释人员来说是非常重要的。

其中一条重要的途径就是从身边的人、从小事开始，以助人为快乐之本，关心、帮助身边的每一个人。"给予"永远比"索取"更快乐，也更有意义！

遇人多一声问候，行走多一份礼让，见面多一个微

笑，在让爱充满生活的同时，我们也享受到生活的温馨。即使是一个小小的爱心行为，只要我们从自身做起，帮助别人，把爱洒向周围的人，就能把快乐留给自己。正如歌中所唱的："只要人人都献出一点爱，世界将变成美好的人间。"

【经典故事】

一个小女孩蹚过一片草地，看见一只蝴蝶被荆棘弄伤了，便小心翼翼地帮它拔掉刺，让它飞回大自然。后来，蝴蝶为了报恩化作一位仙女，对小女孩说："因为你很仁慈，请你许个愿，我将让它实现。"小女孩眨着可爱的眼睛想了想，说："我希望我永远快乐。"于是，仙女弯下腰，在她耳边细语一番，然后飘然而去。小女孩果真快乐地度过了一生。她年老时，邻人苦苦哀求道："请告诉我，仙女到底说了什么？"女孩笑了笑，说："仙女告诉我，你身旁的每一个人都需要你的关怀。""关怀"是个多么美好的词语，女孩一生无私地关怀、帮助他人，才得到了一生的快乐。

范德比特大学的学者对3671个人进行深入调查后发现，快乐的人往往都乐于报名担任义工，奉献爱心。心理学家艾利克森曾提出过："只顾自己的人结果会变成自己的奴隶！"

助人为快乐之本。深圳"活雷锋"陈观玉只是一位普通的农村妇女，但她尽自己所能对有困难的人给予帮助，主动为老人理发、照顾生病的乡邻、孩子等。面对别人的赞扬，她却说："帮助别人的人一生是最快乐的。"

无论是谁，都会遇到这样那样的困难，在别人遇到困难的时候，伸出援助之手，在帮助别人的过程中逐渐地融入社会，才会发现生活中的美好和快乐都是通过自己的双手搭建的。

常怀奉献之心

罪犯在改造期间，大都非常盼望早日恢复自由，重返社会和家庭，干出一番事业，实现自己的人生价值。但很多人对社会现实缺少必要的心理准备，一旦置身社会，原先的梦想都被现实撞得粉碎。有些人因此或者消极厌世，随波逐流，无所作为；或者自甘堕落，为非作歹，最终无所事事，虚度终生，甚至又重新走上了犯罪的道路。之所以如此，是因为很多人在现实的生活环境中并没有认识到生命的价值和意义。

爱因斯坦曾说："一个人的价值，应该看他贡献了什么，而不应当看他取得了什么。"对生命意义的认识，决定着人们的价值取向和行动方向。有的人认为，现在是一切讲金钱的社会，努力挣钱才是正事。也有人认为，人生几十年，匆匆一挥手间，享受才是人生的要义，等等。正是这些不良的价值观影响着一些人，使他们被金钱和权势所迷惑，从而丧失了责任心，对他人、对社会、对国家的前途漠不关心，变得自私、消极、颓废。

【案例链接】

韦某某曾因盗窃罪被判处有期徒刑13年6个月，经过2次减刑后仍在监狱里服刑7年之久，曾一度对生活失去信心。"我刚从监狱假释出来的时候很迷茫，沉默寡言。"他说，在高墙内生活7年后再次进入社会，面对一贫如洗的家境，情绪总是低落。"和社会脱节太久了，感觉社会方方面面都是陌生的。当时真的想做点什么事，一夜暴富。"

在当地政府的帮助和鼓励下，韦某某的自信心渐渐增强，社会责任感也逐渐培养起来。他决定走出去工作，希望通过自己的双手改善家庭生活境况。"当时我在大山里帮人砍过树，在建筑工地上搬过砖，在货场里做过搬运工。"一次偶然的机会，韦某某在帮别人搬运水磨装修模具的时候，发现这个行业在当地充满发展潜力。于是，他开始学习水磨装修技术，仅在半年后就成功掌握相关技术，便自己出来单干了。

2013年，韦某某开始了自己的创业之路。由于缺乏资金，他只能将自己租屋旁的小水塘填平，在这一小块空地上用篷布搭了一间加工坊。当时有同行想看他笑话，说："一个劳改犯能搞出什么名堂来呢？"面对同行的冷嘲热讽，韦某某没有放弃，坚定着创业信心。2014年年底，在当地政府的支持帮助下，韦某某拥有了一间门面，开办了公司。2016年，他成功研制出艺术字水磨模具。2017年，研制出特色地板花模具，受到客户的喜爱和肯定。韦某某的公司开始走上规模化经营的轨道，他自主研发的水磨模具仅用2年时间就占领了周边市场，还远销贵州、云南等地，水磨模具也从零售转到批发，年纯收入达60多万元。韦某某说："我的公司名字叫丛升水磨地坪建材批发公司，是我的重生。"

韦某某成功创业后，一直心怀感恩，一心回报社会。2018年5月，他参加了监狱刑释人员典型事例巡回励志演讲活动。他用亲身经历，教育引导墙内的罪犯。曾在监狱里服刑改造的多名刑释人员在得知韦某某的创业经历后，也看到了自谋职业的希望，利用在监狱学到的劳动技能在家乡从事家禽饲养、果树种植和开办餐馆饭店，安居乐业。"曾经的两名'狱友'来找过我，我就带他们学习水磨装修技术。他们现在已经独当一面出去单干啦。"韦某某笑着说，"浪子回头金不换。感谢政府给了我重获新生的机会，我也希望能为维护社会的持续稳定贡献自己的一份力量。"

在现实社会中，只求索取而吝于奉献的人很多，他们信奉"人不为己，天诛地灭"的人生哲学，一心想的是如何获取，而不是如何付出。我们应当摒弃这种消极的价值观，充分认识到，只有每个人都对社会有所奉献，社会才能有足够的资本来满足个人的需求。如果每个人都

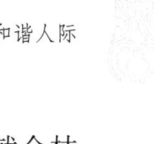

吝惜自己的点点滴滴，或者只求索取不思奉献，那么社会财富就会枯竭，索取就成了无源之水、无本之木，我们个人的幸福生活也无从谈起。

思考题

如何理解感恩与奉献？怎样做才能始终保持感恩之心、奉献之心？

推荐书目

1.《论语译注》，金良年，上海古籍出版社 2012 年版。

2.《何以为父：影响彼此一生的父子关系》，迈克尔·J. 戴蒙德著，孙平译，机械工业出版社 2024 年版。

推荐电影

《海蒂和爷爷》（2015 年），阿兰·葛斯彭纳执导。

第五篇 求职创业

求职创业是刑释人员重新融入社会的关键一步，成功的求职创业，一方面提供稳定的经济来源，另一方面帮助我们逐步恢复自信，实现社会价值，开始新的生活。成功没有快捷键，求职创业也是一样的，唯有脚踏实地努力奋斗，才是通往事业成功的正确道路。

【阅读提示】

1. 重新认识自己的兴趣、爱好和特长，对求职创业和人生发展进行定位，对需要做的准备工作进行深入思考。

2. 了解就业形势和创业环境，研究和把握就业创业规律，有针对性地提升自己的综合实力、职业技能和知识储备，思考怎样才能提升个体竞争力，学会制定适合自己的求职创业策略。

3. 通过研读典型案例，学习和思考培养职业修养的重要性，培养沟通能力和团队协作精神，更好地应对挑战。

第一节　积极做好就业准备

> 居安思危，思则有备，有备无患。
> ——《左传·襄公十一年》

刑释人员回归社会后，一方面，迫切希望能够从头再来，干成一番事业；另一方面，又因曾经入狱服刑导致与社会脱节。因此，担心自己是否能够重新融入社会并找到工作，这确实是一个很现实的问题。一个人的职业技能和就业经验，在很大程度上决定着他能否找到合适的工作。如果没有一技之长，再加上对当下社会形势和经济运行规律缺乏了解，就很难找到合适的工作。因此，如何提高职业修养和职业能力，提高自己的社会竞争力，是刑释人员的当务之急。

提升职业修养

职业修养是指求职者为了达到工作和职业目标而具备的内在综合素质。一般来说，主要包括勤劳、自立、诚信、敬业4个方面。

天道酬勤

一分耕耘一分收获，只要付出足够的努力，就算现在没有看到直接的收益，将来也一定会得到相应的回报。"天道酬勤"是从《尚书·周书·大诰》中的"天閟毖我成功所""天亦惟用勤毖我民"提炼而来，意思是上天必定会眷顾勤劳的人，只要付出努力就一定会有回报。春秋时期，孔子说过"执事敬""事思敬""修己以敬"，意思是：人在一生中始终要做到勤奋和刻苦，为事业尽心尽力。一个人，天资再高，如果不勤于学习，必干不成大事业，甚至养活自己都困难；一个人，天资一般,如果能勤奋学习,刻苦用功,则必出成果。

【案例链接】

　　2023年,浙江杭州外卖平台的女骑手黄晓琴"火"了。从业3年,从不认路的"小白",到杭州骑手排行榜中的"一姐",再到技能大赛冠军,37岁的黄晓琴和她外卖箱里的梦想一直奔跑在奋斗的路上。她说:"生活不会辜负勤劳奋斗的人。"原本觉得送外卖很简单的黄晓琴,入行之后才体会到个中艰辛。上岗第一天,她就出了岔子。"当时接到的单子是送一份早餐包子,但我不熟悉路线,只能跟着导航走。经过一个大转盘时,转了几圈都没找到正确的路,一不小心,车子倒了,包子撒了一地。"没有处理突发情况的经验,她的第一反应是赶紧重新买一份包子给顾客送去。这一折返,就晚了足足40分钟。顾客收到这份"迟到"的早餐时,脸色已有些难看。黄晓琴赶紧道歉,并解释原因。或许是道歉足够诚恳,好心的顾客非但没有给她差评,还打赏了红包。黄晓琴记得特别清楚,3年前,自己送外卖的第一天,"忙了一天,只赚了173元钱,现在回头看,第一天能这样挺不错了"。这也让她对跑单的未来有了信心,"外卖这一行,付出劳动就有回报,拿出诚意就能得到尊重"。从这天起,她更加勤勉地工作,早上六点半上线,晚上接单到凌晨,她与时间赛跑,学习跟商家和顾客的沟通技巧,从最初的"小白"成为榜单"一姐"。她一天的最高纪录送了127单,最高月收入达到了1.8万元。2023年5月,黄晓琴获评首届"最美浙江人·最美外卖骑手"。

自食其力

　　"自食其力"出自《礼记·礼器》的"食力无数"。《礼记集说》有云:"食力,自食其力之人。"意思是靠自己的能力生活。在社会生活中,我们需要靠自己的努力工作获得美好的生活,在自力更生的基础上,还应合理合法地寻求外部资源,帮助自己实现生活的目标。很多刑

释人员都会面临着一些问题，例如不适应社会的快节奏、不容易被社会接纳等。面对这种情况，需要冷静下来查找问题出在哪里，思考解决问题的突破点，由易到难去寻求解决问题的对策，而不能灰心丧气和怨天尤人，更不要想着走捷径，甚至重新走上违法犯罪的错误道路。

【经典故事】

古时候，齐国有个人，穷得上无片瓦下无立锥之地，又没有一技之长，每天只有靠在城里乞讨度日，生活十分困窘。刚开始的时候，人们出于同情，会给他一点残羹冷炙。时间长了，人们就觉得他令人生厌而不愿意给他食物。这样，他就只有忍饥挨饿的份了。正在这个时候，一个姓田的兽医因为活太多，需要找一个帮手。这个乞丐知道后便主动找上门去，希望能帮兽医做些杂工，以换取一日三餐。于是，兽医收留了他。这样他再也不用流浪乞讨，安定的生活使他变得充实起来，干活也越来越有劲头。这时，有人在旁边取笑他说："兽医本来就是一个让人瞧不起的职业，你为了混口饭吃就去给兽医打下手、打杂。这不是你的莫大耻辱吗？"这个昔日的乞丐平静地回答："依我看，天下最大的耻辱莫过于当寄生虫，我现在帮兽医干活，用自己的双手养活自己，耻辱何来呢？""天行健，君子以自强不息"，乞丐的这种生活态度值得我们学习。劳动没有高低贵贱之分，自食其力是最值得人们尊重的生活态度。

诚实守信

"诚实守信"源自《论语·为政》中的"先行其言，而后从之"。诚实守信是中华民族的传统美德，自古以来，人们就把诚实守信视为做人之本。诚信是一个人立身之本，没有诚信，也就失去了做人的基本条件。我国成语中就有"言而有信""一诺千金"的故事，意义深刻，从古代传到现在。它们之所以能够世代流传，说明历代人们都很重视诚信，把诚实守信作为基本道德。刑释人员要重新融入社会，树立良好口碑，就要做到诚实守信，做到表里一致、待人真诚，说话办事讲信用，从而赢得人们的信任与尊重。

【案例链接】

  吉林省白山市林源春生态科技股份有限公司董事长徐建友，因为诚实做人、诚信做事，服务"三农"，奉献社会，荣登2020年"中国好人榜"；2023年，被评为第十届吉林省道德模范，被中央宣传部、国家发展改革委评选为"诚信之星"。在他看来，诚信，是矢志不渝的初心，是凝心铸业的基石，更是生生不息的力量。面对高额利润，他不为所动；面对破产危机，他不为所惧。白山地区常年日照充足、昼夜温差大、土质优良等独特的自然条件，为发展五味子种植产业奠定了基础。很多农户选择繁殖培育五味子，徐建友也逐渐做起了药材生意。2008年，徐建友与收购商达成协议，以每千克160元的价格销售五味子。但交货时，市场价格暴涨到每千克560元，要是不按协议另卖他人，可以多赚30万元。面对巨大的利润，徐建友依旧没有涨价销售，令收购商们感动不已。2020年，五味子大获丰收。供应增加导致原来的收购商拒绝按协议价收购五味子，执意降价收购。徐建友为了不让种植户赔钱，主动出资1300多万元收购五味子鲜果，并联系多家客商对接洽谈寻找销路。在徐建友的帮助下，当地种植户的总收入提高了500万元。2015年公司遇到困难，徐建友坚决不缓发员工工资，"80多名员工都指望着工资养活一家老小，公司再难也不能牺牲员工利益，一定要按时开工资"。当员工们得知企业有难处后，众筹了80多万元，曾经受过徐建友帮助的收购商也主动送来了200万元，解了燃眉之急。随着企业的发展壮大，徐建友带领公司成功跻身国家级重合同守信用企业行列。"当年乡亲们帮助我渡过难关，如今无论飞得多高，走得多远，我也要留在自己的家乡，回报父老乡亲，回馈社会。"他为村镇修建水泥路、安装路灯，为困难家庭和学生捐款捐物。洪灾面前，他冲锋在前，帮助疏散受困群众。多年来，公司累计投入公益事业资金180余万元。[1]

---

  [1]《诚信，是他矢志不渝的初心》，载https://www.workercn.cn/c/2024-05-04/8242970.shtml，最后访问日期：2024年5月4日。

敬业乐群

中华民族历来有敬业乐群的传统美德。"敬业乐群"出自戴圣的《礼记·学记》："一年视离经辨志，三年视敬业乐群。"这句话指对自己的事业很尽职，和人们相处很融洽。南宋理学家朱熹认为"敬业"就是"专心致志以事其业"，即用一种恭敬严肃的态度对待工作，精益求精。古往今来，事业上有成就者，大多有强烈的事业心、责任感，都有锲而不舍、精益求精的精神。刑释人员面对工作，一定要有敬业精神，埋头苦干，才能被人尊重和认可，道路就会越走越宽。

【案例链接】

2023年，云南省玉溪市公共汽车服务公司的张丽被交通运输部、中华全国总工会评为"最美公交司机"。自从事公交驾驶工作以来，张丽的出勤率达到100%，安全行驶里程近40万公里，无任何安全责任事故。张丽带领的车组获得过"工人先锋号""十佳文明客车""青年文明号""三八红旗手""绿色出行示范线""2022云南好司机"等荣誉称号。张丽所在的8路公交车营运线路途经生活小区、超市、公园、学校、贸易市场，人流量大，乘客中老年人、学生占较大比重。老年人行动不方便，有时会延长停靠站时间，遇到老年人候车时，张丽都会耐心地等他们上车，再平稳起步，时刻提醒老年人要扶稳，保证安全，并且鼓励年轻人为他们让座。正是这样，许多乘客写信、打电话表扬她的做法，有的老年人甚至说："我宁愿多等一会儿，也要坐她的车！"对此，张丽说："乘客满意，这就是我的追求。"张丽认为，职业不分高低贵贱，无论我从事任何一种职业，只要有爱心、责任心和进取心，就一定能干好本职工作。她严格按规定，做好车辆的定期保养工作，总是每天早晨提前到达停车场，认真做好出车前的检查等准备工作。收班后，协助机修工做好每日的检查工作，以保持良好的车况，坚决不开"病车"上路。车辆运行中严格控制车速，做到"宁等三分，不抢一秒"，遵守交规，安全行车，避免交通事故的发生。[1]

培养职业能力

刑释人员无论是求职就业还是自己创业，首先要认清现实的环境，把握自己的现状，对回归社会后面临的机遇与挑战做好充足的研判和心理准备，找准适合自己的领域和方向，提高社会竞争力。同时，要积极提高职业能力，有适应社会竞争的耐力和应对失败的抵抗力，以及不断积累的社会经验。职业能力是胜任工作岗位的必备素质，培养职业能力是一个持续渐进的综合积累过程，需要不断学习和实践。

持续学习和自我发展

职场是随着社会需求而不断变化的，新的技术和行业不断涌现，因此需要持续学习和自我发展，以便跟上职业市场的变化。刑释人员可以通过参加培训课程、阅读行业报告和文章、跟踪行业趋势等方式来持续学习和自我发展。向领导、同事、导师等寻求反馈和指导，参加职业发展课程和活动，可以帮助你了解自己的优点和不足，也帮助你制订适合个人发展的计划，以便更好地了解自己的职业发展方向和目标。

沟通能力

沟通能力是职业发展中非常重要的能力之一，是人与人之间必备的协调合作能力。现代社会是高度分工合作的信息化社会，沟通作为信息传递的媒介，发挥了越来越重要的作用，有效沟通是成功的前提。如今，人与人之间的沟通已不再受时间、空间限制，通过电话、邮件等方式，或微信、微博、抖音等社交平台，彼此可以随时很高效地联络。一要积极倾听，清晰、简明扼要地回答别人的问题，不要赘述问题。二要

---

[1]《玉溪张丽——十米车厢内的风采》，载 http://jtyst.yn.gov.cn/html/2024/xingyexinwen_0430/131853.html，最后访问日期：2024年4月29日。

立足解决问题，沟通是为了促进理解和建立发展关系。即使有分歧，也要把沟通作为推动关系发展的契机。三要给人留下好印象。这一点在很大程度上取决于你的沟通方式、语言和行为，要用双赢思维建立自信，并达到共赢和进步。

应对压力与挫折的能力

刑释人员在找工作时，容易遇到"阻碍"，往往产生压力和挫折感，甚至产生就此放弃的念头。如果自己投资创业，还会面临一定的经营风险。因此，在求职和创业过程中要及时调整心态，认真分析容易引发失败的因素，及时调整自己的应对策略，从中总结经验和吸取教训，不要感情用事和轻易放弃。遇到问题时，你可以查找原因，换个方式或方法继续前进。经历过"死而复生"的过程后，会令你在未来的发展中脚步更加坚定。当你觉得急躁不安时，不妨找自己的亲友谈一谈，倾诉一下自己的苦闷和压力，这样会对你心态的调节大有帮助。

理财能力

刑释人员在创业过程中，一定要学会理财，特别是在新项目启动的初期。此时，要做好3个月以上或预测盈利期之前的资金准备。如果启动项目后遇到不可预测的变化，就要及时调整资金运作计划。创业者可以学习一些必要的财务知识，计划好企业的收入和支出，始终使资金处于流动中而不至于出现"断链现象"。

独立分析和决策

市场经济是一个看不见的无形世界。如果自己没有独立分析和市场决策的能力，只是随大溜，结果往往是眼睁睁地看着别人挣钱，自己的事业很难有发展。工作中需要根据自己的经营计划、市场需求、价格波动、同行业的竞争情况，以及经济政策环境来决定自己的每一个经营决策。这些问题的分析与决策都需要自己有独立的思考和自主的判断。独立的分析和决策并不是说不能听取别人的意见，它强调的是自己要有主见。适当听取合作伙伴、员工或者同事的建议，对于科学决策是大有裨益的，正所谓"兼听则明，偏信则暗"。

理性面对工作纠纷

纠纷是一种利益冲突，纠纷的解决也是利益的再分配过程。在工作中，难免会遇见诸如工资纠纷、工伤纠纷、合同纠纷等各种各样的职业纠纷。解决纠纷最好的办法是友好协商，这样既节约时间，又和平共处，不会节外生枝。如果协商不成，还可以采取如人民调解、劳动仲裁、行政复议、民事诉讼等法律手段去解决。解决纠纷的底线是合理合法，千万不能冲动，不要使用暴力，那样不但不能解决问题，还会给自己带来牢狱之灾。

解决职业纠纷的途径

平等协商

有争议的各方当事人在平等、自愿的基础上，按照法律规定，在不损害国家利益、社会公共利益和他人合法权益的基础上，直接进行平等协商，自行化解纠纷。不管是当面谈判还是函电磋商，都应在对等条件下友好协商解决问题，并以各方当事人自愿为基础。但是，协商的结果没有法律强制执行力，很容易被当事人推翻。

人民调解

人民调解又称诉讼外调解，是指在司法所、行业协会、居委会、村委会等具有调解职能的社会机构的主持下，以国家法律、法规、规章和社会道德规范为依据，对各方当事人进行劝说、调解，促使他们互相谅解、平等协商，自愿达成协议、消除纷争。2010年8月28日，第十一届全国人大常委会通过了《人民调解法》[1]，规定村民委员会、居民委员会设立人民调解委员会。2023年，最高人民法院、司法部联合印发的《关于充分发挥人民调解基础性作用 推进诉源治理的意见》，提出充分发挥人民调解在矛盾纠纷预防化解中的基础性作用，吸纳律师、公证员、仲裁员、基层法律服务工作者、心理咨询师、医生、教师、专家学者等社会专业人士和退休政法干警，以及信访、工会、妇联等部门群众工作经验丰富的退休人员担任人民调解员，不断壮大人民调解员队伍，优化人员结构。

劳动仲裁

在我国，劳动仲裁是劳动争议当事人向人民法院提起诉讼的必经程序，由劳动争议仲裁委员会对当事人申请仲裁的劳动争议进行居中公断与裁决。发生劳动争议，当事人不愿协商、协商不成或者达成和解协议后不履行的，可以向调解组织申请调解；不愿调解、调解不成或者达成调解协议后不履行的，可以向劳动争议仲裁委员会申请仲裁。需要注意的是，按照《劳动争议调解仲裁法》的规定，劳动争议申请仲裁的时

---

[1] 本书中所引用的中国法律法规，为行文方便，省略"中华人民共和国"字样。

效期间为 1 年。仲裁时效期间从当事人知道或者应当知道其权利被侵害之日起计算。因不可抗力或者有其他正当理由，当事人不能在规定的仲裁时效期间申请仲裁的，仲裁时效中止。

民事诉讼

法庭在当事人和其他诉讼参与人的参加下，以审理、判决、执行等方式解决民事、经济纠纷。如果其他方式仍不能有效解决纠纷的，当事人还可以向有管辖权的人民法院提起诉讼，由法院判决，解决双方争议。法院判决具有法定强制执行力，往往是解决纠纷的最后途径。

思考题

1. 谈一谈你对职业修养和职业能力的认识。
2. 结合自身实际，谈一谈求职创业的思路。

第二节　掌握就业主动权

不积跬步，无以至千里；不积小流，无以成江海。
——《劝学》

凡事预则立，不预则废。刑释人员脱离社会生活的时间越长，远离社会生活的生疏感就会越重，如果缺少实用技术和社会经验，在就业方面难免会遇到一些困难。如果能够努力学到一技之长，积极熟悉就业环境和研究市场规律，就能抓住就业的主动权。

把握就业形势

就业问题是党和政府十分重视的民生问题。自 1991 年全国人大常委会《关于加强社会治安综合治理的决定》颁布以来，各地、各有关部门在促进刑释人员就业和社会保障方面做了大量工作，先后制定了一系列行之有效的政策措施。例如，劳动和社会保障部门要对刑释解教人员提供就业指导服务和就业岗位信息，刑释解教人员可以参加由各级劳动和社会保障部门组织的再就业定点单位培训，经考核合格并实现就业后，可根据当地政府有关规定减免培训费用。从 2024 年起，北京市集中推出了 15 项稳就业措施，提供上门走访"送温暖"慰问活动，面对面帮助解决就业困难，制订"一人一策"援助计划，提供个性化帮扶措施，挖掘

一批对技能、学历无特别要求的岗位，搜集一批生活服务业、制造业等用工密集型企业岗位，开发一批零工、新业态平台企业岗位，千方百计地解决就业困难和促进就业，为广大就业困难人员顺利实现就业营造良好的帮扶氛围。[1]

了解就业政策是掌握就业主动权的第一步，也是通向成功就业的一道桥梁。刑释人员要利用各种渠道，广泛而准确地收集与求职就业有关的政策与信息，特别是就业优惠政策和人才需求信息，努力做到为我所用。搜集就业信息是就业活动的第一步，谁能先一步获得信息，谁就掌握了更多求职择业的主动权。就业信息中最重要的是各用人单位的信息，其中包括各用人单位的岗位需求、需求数量、经营状况、企业文化、发展前景、工作条件、福利待遇、对人才的重视程度以及对人才的安排使用计划等，只有充分了解了这些情况，才能结合自身特点，做出合理的选择。同时，也要摆正心态，做好就业不顺利的心理准备，勇敢面对挫折，不要因此失去信心。刑释人员可以通过社会媒体、互联网和媒体平台查询招聘信息。这些渠道包括各类综合门户网站和网络平台的就业信息网，如抖音、快手、58同城、BOSS直聘、智联招聘、本地宝等，也可以通过报纸、杂志、广播、电视等传统媒体查询招聘信息。同时，还可以关注人才招聘会和政府部门或社区的就业信息公告栏等。

【延伸阅读】

在北京这样一个充满人文关怀、民主法治的城市里，刑释人员的就业帮扶和社会适应问题越来越受到重视。北京16个区已经成立了为刑释人员提供社会适应服务指导的"阳光中途之家"，通过开展法律援

---

[1]《北京市集中推出15项稳就业措施》，载 https://zyk.bjhd.gov.cn/jbdt/auto4496_51791/zdly/bzxzf_59614/202307/t20230719_4611627.shtml，最后访问日期：2023年7月19日。

助、心理咨询、就业指导和技能培训，帮助刑释人员适应社会和重新就业，为刑释人员融入社会提供了一个过渡地带。"阳光中途之家"主要开展社区矫正对象的监督管理和教育帮扶工作，还承担刑释人员的安置帮扶职能，将"思想、心理、行为"3个教育层次向"意识培养、组织行为、方法学习、技巧训练、学以致用"5个教育理念展升，有效转化为"听、说、读、写、思、行、用、学"8项社会化学习能力，让社区矫正对象和刑释人员在正确认识和理解学习的价值的同时，善于总结经验，能够根据不同情境和自身实际，选择或调整学习策略和方法，促进他们积极融入社会生活。比较具有代表性的北京市朝阳区"阳光中途之家"就坐落在大鲁店2村，占地4000平方米，是我国第一家帮助社区刑释人员克服生存困难、提高社会适应能力的服务机构。"我们主要开展对刑释人员和社区矫正对象的帮扶、教育和技能培训工作，使他们在未来能更好地融入社会，避免再次犯罪。""阳光中途之家"的工作人员这样介绍道。"不管是惩罚人、还是关爱人，必定把人当人看。"这句歌德的名言镌刻在"阳光中途之家"一楼大厅醒目的牌子上，它成了"阳光中途之家"工作人员最重要的宗旨，贯穿每个工作环节。

"阳光中途之家"的主要职能是为刑释人员和社区矫正人员提供教育培训和临时救助等服务，内设教室、多功能厅、活动室、心理咨询室、电教室、美容美发培训室、烹饪培训室、餐厅、宿舍、浴室、篮球场等，各项设施和制度都比较完善。目前全市各区都建立了为本区的刑释人员提供心理咨询、技术培训、过渡性安置等"中途服务"的服务站。刑释人员如果担心出狱后在找工作、创业时走弯路，可以向"阳光中途之家"的工作人员咨询相关问题。北京各区的"阳光中途之家"的地址和办公电话可以在各区的司法局网站查询，或者拨打北京市法律援助中心服务电话010-12348查询。

选对就业之路

选择就业的思路主要有4个方面：一是自己找准定位，适合做什么工作；二是结合兴趣爱好，尽量去做喜欢的工作；三是择己所长，要善于从与竞争者的比较中来认清自己的所长和所短，判断竞争优势和劣势；四是择时所需，要了解社会职业需求状况，预测职业的社会未来走向，以便自己的职业定位富有远见。

有的人经常疑惑，参加职业技能培训是否有用。正如人们常说的那句话，技艺在身，胜券在握。多学一门技艺，就相当于为自己多打开一扇成功的大门。职业技能培训是按照国家标准，针对职业需求进行的规范化培训，它的目的在于帮助人们获得更加专业的技能和知识。与学历教育注重综合素质提升不同，职业技能培训更注重提升某项技能，帮助人们获得更好的职业发展，它常常被比喻为"专业速成班"。通过职业技能培训，我们能够提升职业技能水平，从而更好地适应未来的工作岗位。一些职业更是需要通过职业技能培训并获得相应的技能等级证书才能顺利上岗，如当下热门的网络工程师、软件工程师、网站开发技术、Python大数据以及人工智能等领域。而在传统行业中，如厨师、焊工、汽修等技术也同样需要接受职业技能培训，方可胜任工作。

【案例链接】

张某因过失犯罪被判刑入狱，以前从事市场营销工作。他最大的顾虑是担心出狱后会受到社会歧视，不能找到适合自己的工作。他在出监教育中心参加出监教育创业培训，特别是参加了抖音自媒体知识学习后，颇受启发、信心满满，他感叹："真没想到，现在社会上用手机玩抖音就能挣钱。"张某系统学习了抖音录制和推广技巧。刑满释放后不久，他注册了抖音账号，开始了外贸直播带货，创办了个人抖音工作室，生意发展得越来越好。张某自信地说："通过出监教育学到了抖音自媒体技能，目前已经有了几位合伙人，我对自己有了信心，下一步我要继续努力，争取把公司产业做得越来越大。"

参加职业技能培训的要点

一看培训机构是否具有相关教育培训资质。

在挑选技能培训机构时，至关重要的是查看该机构是否具备相关的教育培训资质，可以通过政府部门公布的目录来了解职业技能培训项目，查询补贴性职业技能培训实施目录清单和培训机构目录。一个有资质的机构，才有资格收取培训费用。这些机构不仅拥有丰富的教学资源，还拥有一流的教育团队，能够根据学员的需求提供个性化的辅导。此外，这些机构还注重教育的质量，以确保学生能够得到最好的培训效果。

二看职业资格证书、技能等级证书是否具有较高的权威性和认可度。

刑释人员可以结合个人兴趣爱好和市场需求，选择合适的职业资格证书、技能等级证书培训项目，特别是要注意选择那些由政府部门认证和管理的培训证书，确保这些证书具有较高的含金量，在就业、升职、加薪等方面发挥一定的作用。

三看职业资格证书、技能等级证书是否能够提升个人能力水平。

证书是对职业技能的一种证明，只是一块敲门砖，而真正的实力还需要我们在实际培训中训练到位，在实践工作中不断积累和提升。因此，要选择知名度高、管理规范的职业技能培训机构，在参加职业技能培训的过程中，我们不仅要注重证书的获取，更要注重实际技能的培训、提升和实践经验的积累。

在选择职业培训机构时，尽量挑选那些具有品牌实力的机构。这些培训机构具备显著优势，能够获取到普通培训机构难以获取的资源，对你未来的职业发展将起到举足轻重的作用。在这些培训机构，你可以接触到更多的实践机会，从而为你的事业进步铺平道路，为未来的职业发展打下坚实基础。

面试要领

面试是求职制胜的关键，它能体现出一个人的修养和风格，给人留下深刻和积极的印象。

遵守时间

守时是现代人际交往的一项重要原则,是人与人交往最起码的礼节。守时是指不要迟到,也不要过早到。面试中,如果迟到,容易让对方产生焦急烦躁的情绪,从而使面谈的气氛不够融洽,会给对方造成不良的印象,而失去自己向往的工作岗位。合理的做法是在面试时能够提前 10 分钟左右到达面试地点,做好充足准备,提高面试的成功率。

穿着得体

应聘者要用心挑选一套适合自己的服饰,要与身材、身份相符,以朴实、大方、简洁稳健的风格去应聘,也应与时代、季节、场所、应聘的职位相协调。一般说来,服饰要给人以整洁、大方、得体的印象。如果所穿的给用人单位一种轻浮的印象,那么势必会影响面试的成绩。

不卑不亢

在面试中,如果面试官连续地向你发问,你感觉很紧张,可以试着深呼吸,或者大声说话来缓解紧张情绪。成功的对话是一个相互应答的过程,自己每一句话都应是对方上一句话的继续,不要答非所问。应聘者在交谈的过程中要关注面试官的态度,适当的时候可以自己主动引导话题,采取呼应式的交谈,这样才有利于自己正常地发挥。

注重细节

注重细节会让你更加与众不同。刑释人员在面试时,更应该注意一些细节问题,因为它可能决定你的去留。

【案例链接】

在一场大型招聘会上,企业老总和高管都去了,高薪招聘一位总裁秘书,许多年轻人都在角逐这个职位。然而,最终一个个都黯然神伤地走出面试的房间。这时轮到了一个穿着西装、戴着眼镜的年轻男子。他不紧不慢地走进面试的房间,轻轻地合上门。这时,他突然停下了脚步,原来他看见门边一个文件架上的文件散落了一地,他快速地捡了起来,放在文件架上。老总和高管对他的素质和能力都很肯定,最终这位年轻人被录用了。而全场来面试的人除了他以外没有一个人主动捡起那些散落的文件。这个案例证明了细节决定面试者的成败。

思考题

1. 结合当下就业形势,谈一谈如何抓住就业主动权。
2. 该如何做好面试准备?

第三节　如何自主创业

> 奋斗以求改善生活，是可敬的行为。
> ——茅盾

在社会生活中，个人自主创业的途径有很多，除了注册个体工商户、成立小微企业等传统创业思路外，还可以通过互联网自媒体平台等其他渠道实现新业态的自主创业。

选择创业方向

很多人都渴望创业，但苦于没有思路，不知道自己适合做什么。创业者可以分析自己现有的资源，根据实际情况选择一个创业方向，扬长避短，尽量发挥自己的优势。比如，如果你家住山清水秀的农村，有特色农产品，想在自媒体平台上直播带货，那你首先要想好在哪些地点进行直播，如何才能吸引观众，增加流量。随后，思考在直播中卖什么产品，如何邮寄出去，做好售后服务。或者，你想在闹市区租一个门店，那门店是做什么的，你准备在哪里开店，客流量能有多大，资本金从哪里来，运营成本有多高，多久才能收回成本，也需要有一个系统明确的规划。而这些都需要结合自己所在的地方、以往的经验、从事的行业、掌握的技能、比较有市场的货品等来综合考量和确定。

【案例链接】

罗某，因非法出售发票罪被判刑入狱。在狱中，罗某参加了厨师职业技能培训，在狱内炊事员的劳动岗位上学到了主副食制作等多种餐饮技能。罗某认真学习实践，在餐饮制作技术方面有了很大进步，还代表

监所参加炊事技能比武活动，取得较好成绩。在出监教育期间，罗某参加了创业培训课程，在授课老师的指导下，置身餐厅环境中模拟商业实践，对进货渠道、成本核算、运作方式、产出平衡等创业知识进行深入学习，编制了创业计划书，提前做好出狱后的创业准备。释放后，罗某从妻子手中接过亏损严重的小饭馆，凭借在狱中学到的创业知识和厨师技能，开展市场调研、守法诚信经营，当年实现扭亏为盈，后来在北京郊区买房，儿女顺利入学，家庭非常幸福和睦。

认识灵活就业

灵活就业是指选择个体经营、非全日制、新业态、临时性、阶段性和弹性工作时间等多种就业形式。例如，在社区从事家政服务与社区居民形成服务关系，或在区、街道（乡镇）、社区统一安排下从事自行车修理、再生资源回收、便民理发、果蔬零售等社区服务性工作，以及其他工作单位不固定、岗位不固定、工作时间不固定但能够取得合法收入的灵活就业工作，还可以在失业期间依法申领个体工商户营业执照且正常经营。灵活就业的岗位主要集中在近些年兴起的直播带货、自媒体、配音、外卖员、网约车司机、农村青壮劳动力去城市打零工等新工作岗位。根据国家统计局数据，截至2021年年底，中国灵活就业人员约2亿人，其中外卖骑手约1300万名，接近全国人口的1%。中国一线城市的灵活用工占比达到25.6%，零工需求将不断释放，到2036年或能达到4亿人。近年来，社会经济发展形势大有潜力，依托政府出台的稳定就业政策和措施，刑释人员通过积极努力，顺利实现再就业是完全没有问题的，除了参加用人单位招聘，灵活就业也是一个很好的出路。

创业扶助政策

刑释人员在创业过程中，可能会因为准备不足、缺少资源或者对市场发展趋势判断不准确而增加创业失败的风险。对此，大家可以用手机或电脑登录首都之窗、北京市人力资源和社会保障局的网站，或者登录"京通"微信小程序，了解相关政策法规，亲自开展市场调查，选择最适合自己的创业之路。

【政策导读】

创业担保贷款[1]

创业担保贷款是指以具备规定条件的创业主体为借款人，由创业担保贷款基金提供担保，由经办此项贷款的银行业金融机构发放，由财政部门给予贴息，用于支持个人创业或小微企业扩大就业的贷款业务。创业担保贷款包括个人创业担保贷款和小微企业创业担保贷款。

申请个人创业担保贷款的条件：

（1）属于重点就业群体，包括城镇登记失业人员、就业困难人员（含残疾人）、退役军人、刑满释放人员、高校毕业生（含大学生村官和留学回国学生）、化解过剩产能企业职工和失业人员、返乡创业农民工、网络商户、脱贫人口、农村自主创业农民；

---

[1]《政务公开》，载 https://www.beijing.gov.cn/zhengce/zwmc/202108/t20210818_2471062.html，最后访问日期：2021 年 8 月 18 日。

（2）除助学贷款、脱贫人口小额信贷、住房贷款、购车贷款、5万元以下小额消费贷款（含信用卡消费）以外，申请人提交创业担保贷款申请时，本人及其配偶无其他贷款。

申请小微企业创业担保贷款的条件：

（1）属于现行中小企业划型标准规定的小型、微型企业；

（2）小微企业在申请创业担保贷款前1年内新招用符合创业担保贷款申请条件的人数达到企业现有在职职工人数15%（超过100人的企业达到8%），并与其签订1年以上劳动合同；

（3）无拖欠职工工资、欠缴社会保险费等违法违规信用记录，具体情况可咨询当地人力资源社会保障部门。

个人借款人向户籍所在地街道（乡镇）政务服务中心提出借款人资格认定申请，审核通过后到注册地所在区的担保机构办理贷款担保手续。小微企业借款人向注册地所在区人力社保部门提出借款人资格认定申请，审核通过后到市级受托担保机构办理贷款担保手续。符合条件的个人借款人最高可申请30万元的创业担保贷款；符合条件的个人借款人合伙创业的，可根据合伙创业人数适当提高贷款额度，提高额度不超过符合条件个人贷款总额度的10%，且贷款总额最高不超过200万元。符合条件的小微企业借款人可根据企业实际需求和经营状况与担保公司协商确定贷款额度，最高不超过300万元。北京市户籍人员在本市、天津市、河北省行政区域内注册经营的，可申请个人创业小额便捷贷款，贷款额度由15万元提高到20万元。

【案例链接】

兰某，在监狱制衣缝纫车间学习并熟练掌握缝纫裁剪技能，在出监前她说："出狱后很想创业，开一家裁缝成衣店，但是我缺少创业资金。"之后，兰某参加了监狱举办的出监教育创业培训讲座，了解到政府可以为失业人员自主创业提供小额贷款，便更有自信面对出狱以后的生活了。

【延伸阅读】

在目前的经济环境中，比较符合刑释人员情况的创业方向大致可以分为以下几种：个体工商户、个人独资企业、私营合伙企业和有限责任公司。

个体工商户

个体工商户是指经国家市场监督管理部门核准登记，取得营业执照，从事工商业经营的简易经济组织。通常以个体或家庭为单位从事经营。个体工商户通俗地讲就是开一个小店，平时在大街小巷里看见的各种小餐馆、服装店、小超市、书店等都是。对于通过电子税务局申报的个体工商户，税务机关将自动为其提供申报表和报告表中该项政策的预填服务。对实行简易申报的定期定额个体工商户，税务机关按照减免后的应纳税额自动进行税款划缴。个体工商户的优势有：(1) 自由灵活。个体工商户没有规定的上下班时间，多劳多得、少劳少得。自己可以灵活支配时间，没有工作时间的约束，属于自由职业。(2) 税收低。个体工商户的税收一般实行定期定额征收，税负轻。(3) 门槛低。申请注册个体工商户对注册资金、经营场所、经营人员等没有硬性要求，任何有经营能力的公民都可以依照《促进个体工商户发展条例》的规定，申请设立个体工商户。(4) 风险低。个体工商户的经营一般都是小规模的实体经营，一般也是现金结算。没有太大的市场风险、利率风险、经营管理风险。个体工商户的劣势有：(1) 利润低。个体工商户往往都是靠经营者辛勤的脑力或体力劳动来赚取利润的，同时个体工商户一般规模小，盈利能力有限。(2) 不稳定。个体工商户没有严格的制度和管理，往往依靠经营者个人或家庭来维持经营，个人的素质、喜好或家庭关系都会对个体工商户产生直接的影响，个体工商户可能会随着个人计划的改变或家庭关系的改变而终止。(3) 竞争大。个体工商户市场准入的门槛低，两个不同的人完全可以设立同样的个体工商户，相互之间的竞争往往是很激烈的。

个人独资企业

个人独资企业也就是人们通常所说的"一元钱当老板"的小微企业。该类企业由个人全资拥有，投资人对企业的事务具有绝对决策权，并承担无限责任。其优势有：（1）手续简单、费用低。个人独资企业的注册手续最简单，获取相关的注册文件比较容易，费用比较低。（2）企业所有事务的决策权都掌握在投资人自己手中，不用开会研究，也不用向董事会和股东大会做出说明，正所谓"船小好掉头"，作为老板的投资人可以根据市场变化情况和个人意愿随时调整经营方向。（3）税收负担较轻。由于企业为个人所有，企业所得即个人所得。因此，国家税务部门只征收企业所得税而免征个人所得税。（4）注册资金无限制。《个人独资企业法》对注册资金没有规定，极端的说法是"一元钱可以当老板"。劣势表现为以下几个方面：（1）信贷信誉低，融资困难。企业注册资金少，抗风险能力差，不容易取得银行信贷，同时面向个人的信贷也不容易。（2）无限责任。企业一旦经营亏损，除了以企业本身的财产清偿债务外，个人财产也不能幸免，投资风险大。（3）可持续性低。投资人对企业的任何事务具有绝对的决策权，其他人没有决策权。这增加了个人的责任，如果投资人有所闪失，必将危及企业本身的存在。另外个人决策也有武断、不合理的一面，带有很强的随意性，缺乏企业管理，对企业不利。（4）财力有限。企业的全部家当就是个人资产，可利用资金少，很难有大的发展。

私营合伙企业

合伙企业是指合伙人之间以合同关系为基础的企业组织形式，为了共同的目的，相互约定共同出资、共同经营、共享收益和共担风险。合伙企业分为普通合伙和有限合伙。其优势是：（1）注册手续简便，费用低。注册方式与独资企业类似，关键在于合伙人之间的共同协议，合伙企业运行的法律依据就是他们之间的协议。（2）有限合伙承担有限责任，易吸引资金和人才。合伙企业最大的风险就是无限责任。有限责任有效地解决了这个问题。一方面，合伙企业通过普通合伙人经营管理并承担无限责任,保持合伙组织的结构简单、管理费用较低、内部关系紧密及决策效率高等优点;另一方面,合伙企业可以吸引那些不愿承担无限责任的人向企业投资,也可以吸引企业所需要的人才。(3)税收较低。合伙企业只需要缴纳个人所得税,不用缴纳企业所得税。劣势体现为:(1)无限连带责任。合伙企业的出资人必须以自己的全部财产对合伙企业的债务承担责任。一旦合伙人中某一人经营失误,则其他合伙人都将被连累。因此,合伙人的选择和合伙协议的拟定就相当重要。有人认为连带责任可以在合伙协议中用相应的条款规定分担比例,减少个人风险,但我国的法律规定合伙人之间的分担比例对债权人没有约束力,债权人可以根据自己的清偿权益,请求合伙人中的一人或几个人承担全部清偿责任。(2)易内耗。公司是股东资本说了算,而合伙企业各合伙人平均享有权利,这是它的优点,但也会带来问题。合伙人一旦有矛盾,企业决策就难以达成一致意见,互相推诿,业务开展困难。如果合伙人品质有问题,则后患无穷。(3)合伙人财产转让困难。由于合伙人的财产转让影响合伙企业和合伙人的切身利益,因此法律对此要求严格。向外转让必须经全体合伙人同意,而不是采取少数服从多数的原则。退伙也存在这个问题,除非在拟定合伙协议时有明确规定,否则很难抽身而退。

有限责任公司

有限责任公司是指由2个以上、50个以下的股东共同出资,有章程和固定场所,每个股东以其所认缴的出资额对公司承担有限责任,公司以其全部资产对公司债务承担有限责任的经济组织。有限责任公司的优势表现为:(1)有限责任。由于拥有法人资格,重大的责任由法人承担,股东个人承担的责任仅以出资为限,其他个人资产不受牵连,降低了个人投资风险。(2)运行稳定。注册有限责任公司时,要求拥有固定的经营场所、公司章程和财务制度,同时股东入股后不得抽回资金,这就在法律上保证了充裕的资金和健全的运行机制,不会因为个别股东的变故而使企业产生动荡。劣势表现为:(1)注册手续复杂、费用高。注册有限责任公司必须获取相关的注册文件,经过严格审查,且验资费用比较高。(2) 税收数额较高。有限责任公司一方面要缴纳企业所得税,另一方面还要缴纳个人所得税。(3) 有限责任公司不能撤回资金,转让困难。股东一旦出资就不能撤回资金,只能享受收益,不能随便转让股本。

思考题

谈一谈应该如何进行自主创业。

第四节 解读失业保险政策

随着社会竞争的日益加剧，人们在职场上不再一成不变，"跳槽"换公司、解聘或失业问题会越来越普遍。失业可能会给人们的财务状况、事业发展和家庭生活带来巨大的压力和挑战，为了更好地帮助失业人员再就业，国家设置了失业保险金制度来临时帮扶和救助失业人员。

【案例链接】

刑释人员王某，在监狱参加出监教育时学习了北京社会保障政策课程。刑满释放后不久，他来到户籍所在地的社区服务中心，就申领失业保险金问题进行咨询："我前不久刚刚刑满释放，以前是一家企业的职员，因犯罪被判了3年有期徒刑，为此公司与我解除了用人合同。目前，我还没有找到工作，生活十分困难。请问，入狱前我在单位交了10年的失业保险金，现在还能申领吗？"令王某欣慰的是，根据国家政策规定，刑释人员如果符合累计缴纳年限的相关规定，仍然可以依法申请失业保险金。根据这项规定，王某出狱后，可以携带身份证、社保卡到社会保障事务所办理失业登记，按照程序领取失业保险金。

2000年9月7日劳动和社会保障部印发的《关于对刑满释放或者解除劳动教养人员能否享受失业保险待遇问题的复函》规定：（1）在职人员因被判刑收监执行，而被用人单位解除劳动合同的，可以在其刑满、假释后，申请领取失业保险金；（2）失业人员在领取失业保险金期间，因被判刑收监执行而停止领取失业保险金的，可以在其刑满、假释后恢复领取失业保险金。根据人力资源和社会保障部的官方政策解读，由失业保险经办机构进行信息资料比对，失业人员不需要出具其他证明材料。

失业保险金是一种由失业保险经办机构依法支付给符合条件的失业人员的一种基本生活补贴，确保他们的基本生活得到保障，是对失业人员在没有工资收入时发放的一种临时救济。失业保险金的支付依法从失业保险基金中列支，和养老保险、医疗保险制度一样，失业保险基金需要用人单位和个人按照一定比例缴纳，由失业保险管理机构运营管理。失业保险金制度，可以帮助陷入生活困境中的失业人员渡过难关，助力实现再就业或自主创业。

【延伸阅读】[1]

按照《北京市失业保险规定》第16条第2款规定，在职期间被判刑收监执行，刑满释放的失业人员应在回京落户之日起60日内，按照本规定办理失业登记和失业保险金领取手续。

失业保险金的申领条件

（1）失业前用人单位和本人已经缴纳失业保险费满1年的；（2）非因本人意愿中断就业的；（3）已经进行失业登记，并有求职要求的。

认定"非因本人意愿中断就业"的情形包括：

①劳动（聘用）合同到期终止的；②用人单位提出，双方协商一致解除劳动（聘用）合同的；③被用人单位解除（聘用）合同的；④被用人单位辞退、除名、开除的；⑤用人单位被依法宣告破产、被吊销营业执照、责令关闭、撤销或者用人单位决定提前解散，劳动合同终止的；⑥劳动者本人依照《劳动法》第38条规定解除劳动合同的；⑦法律、法规、规章规定的其他情形。

失业保险金的领取期限

《北京市失业保险规定》第17条规定，失业人员领取失业保险金的期限，根据失业人员失业前累计缴费时间确定：（1）累计缴费时间1

---

[1] 资料来源：《北京市失业保险申领发放实施办法（试行）》。

年以上不满 2 年的，可以领取 3 个月失业保险金；（2）累计缴费时间 2 年以上不满 3 年的，可以领取 6 个月失业保险金；（3）累计缴费时间 3 年以上不满 4 年的，可以领取 9 个月失业保险金；（4）累计缴费时间 4 年以上不满 5 年的，可以领取 12 个月失业保险金；（5）累计缴费时间 5 年以上的，按每满 1 年增发 1 个月失业保险金的办法计算，确定增发的月数。领取失业保险金的期限最长不得超过 24 个月。失业保险费缴费时间按用人单位和职工个人缴纳失业保险费的时间累计计算。本市实行个人缴纳失业保险费前，按国家规定计算的连续工龄视同缴费时间，计发失业保险金时合并计算。

正确使用失业保险金

失业保险金对于失业人员来说是一笔"救命钱"，失业人员在领到失业保险金后都要仔细衡量怎么把钱花在实处。失业保险金是国家给予失业人员的一种过渡性的临时救济措施，由于额度较小、期限短，只能保障基本生活费用开支，无法从根本上改变个人经济困难。所以，要正确认识失业保险金是一项社会保障措施，把失业保险金优先用在生活必需品开支上。同时，还要积极行动，重新求职就业或自主创业，尽快振作起来。

【案例链接】

家住北京市区的李某曾是北京一家酒店的厨师，因为犯罪被判刑入狱。2024 年出狱后，李某决心从头再来，重新奋斗。由于本人有犯罪前科记录，李某并没能很快找到满意工作，实现再就业。为了度过这个艰难时期，他向街道社会保障事务所咨询申领失业保险金。在社会保障事务所的帮助下，他顺利办理了求职登记和就业失业登记证，并确认符合领取失业保险金的条件，随后办理了申领失业保险金手续。从第 2 个月起，李某顺利领取了失业保险金，用于补贴基本生活开销。有了这笔钱的支持，李某不再为基本生活支出而担心，终于能够专心努力实现再就业。在亲友的支持下，他决定利用厨师专长，自己创业，在附近的门面房合租了一个小铺面经营起了烧烤档口,由于经营到位和出色的厨艺水平,烧烤店的生意逐渐有了起色。为了节省开支,他晚上经常睡在店里,把省下来的钱用在小生意上。李某顺利实现自主创业后,财务状况有了明显好转,根据有关规定,他到社会保障事务所申请停领失业保险金。他感慨要不是当初亲友支持和政府发放的失业保险金救助,他真的不知道该如何是好。

【延伸阅读】

失业保险金的领取程序

北京各个区县的失业保险金具体申领程序可能会在操作细节方面有些差别,具体情况可以到户籍所在地的社会保障事务所咨询,以实际操作为准。一般常见的手续是:刑释人员在刑满释放后的60日内,要携带身份证、户口簿、近期1寸免冠照片3张和刑满释放证明材料,到户籍地街道(乡镇)社会保障事务所办理求职登记和就业失业登记证,符合领取失业保险金的,同时办理申领失业保险金手续,并从办理失业登记的次月起,按月领取失业保险金。失业保险金每次最长可以领24个月,重新就业后再次失业的,缴费时间重新计算,可继续申领失业保险金。目前,人力资源和社会保障部门已经在互联网上推行失业保险金业务全程网络申领,参保失业人员可以登录国家社会保险公共服务平台,或者通过电子社保卡渠道(所有已开通电子社保卡的APP、小程序、公众号)申领。具体情况可以到北京市人力资源和社会保障局官方网站查询相关信息或拨打热线服务电话010-12333,或者到户籍地社会保障事务所进行现场咨询。

失业保险金的发放标准

根据《北京市人力资源和社会保障局关于调整失业保险金发放标准的通告》(2023年9月1日实施)的规定,按照累计缴费年限定额发放失业保险金:(1) 累计缴费时间满1年不满5年的,失业保险金月发放标准为2124元;(2) 累计缴费时间满5年不满10年的,失业保险金月发放标准为2151元;(3) 累计缴费时间满10年不满15年的,失业保险金月发放标准为2178元;(4) 累计缴费时间满15年不满20年的,失业保险金月发放标准为2205元;(5) 累计缴费时间满20年以上的,失业保险金月发放标准为2233元;(6) 从第13个月起,失业保险金月发放标准一律按2124元发放。市人力资源和社会保障局会根据全市最低工资标准变动情况,及时动态调整失业保险金标准。需要说明的是,这项政策是政府主导和动态调整的,需要关注具体的实施情况。

失业保险金的停止领取

失业人员在领取失业保险金期间有下列情形之一的,停止领取失业保险金,并同时停止享受其他失业保险待遇:(1) 重新就业的;(2) 应征服兵役的;(3) 移居境外的;(4) 享受基本养老保险待遇的;(5) 被判刑收监执行的;(6) 无正当理由,拒不接受劳动保障行政部门指定的职业介绍服务机构介绍的工作的;(7) 有法律、行政法规规定的其他情形的。

阶段性失业补助金的申领

从 2020 年开始，北京市实施阶段性实施失业补助金政策，用于失业人员的临时补助，该项失业补助金最长可领取 6 个月，根据参保缴费的时间不同，发放标准分别为每月 880 元或每月 1408 元。阶段性失业补助金的申请条件是领取失业保险金期满的失业人员，一直未重新就业，目前仍处于失业状态的；在京参保缴费不足 1 年或参保缴费满 1 年但因本人原因解除劳动合同的失业人员，一直未重新就业，目前仍处于失业状态的。符合条件的失业人员可以按月领取最长 6 个月的失业补助金。对参保缴费满 1 年的，失业补助金标准为 1408 元/月；对参保缴费不足 1 年的，失业补助金标准为 880 元/月。领取失业补助金期限不核减参保缴费年限，领取期间不同时享受失业保险金、代缴基本医疗保险费、丧葬补助金和抚恤金。需要注意的是，失业补助金只能申领享受一次，无需办理失业登记，不得跨统筹地区重复申领享受。发放失业补助金期间，不办理失业保险关系转出（转入）。失业补助金发放期满或停发后，失业人员要求转移失业保险关系的，经办机构要记录相关信息并按规定办理。符合条件的失业人员可通过登录国家社会保险公共服务平台，或北京市人力资源和社会保障局政府网站、官方微信公众号"北京人社"、官方 APP，申领失业补助金或临时生活补助。需要说明的是，这项政策是政府主导和动态调整的，需要实时关注具体实施情况。

按照北京市人力资源和社会保障局发布的本市促进重点群体就业若干措施要求，对就业困难人员进行就业援助，其中，对失业人员主动接受政府支持的免费职业指导和职业技能培训的情况进行补贴，各区的补贴标准有所不同，符合条件的失业人员可通过登录国家社会保险公共服务平台，或北京市人力资源和社会保障局政府网站、官方微信公众号"北京人社"、官方 APP，或拨打热线服务电话 010-12333 查询和咨询。需要说明的是，这项政策是政府主导和动态调整的，需要实时关注具体实施情况。

思考题

1. 谈一谈你对失业救助政策的认识。
2. 请你结合实际谈一谈求职创业的思考。

推荐书目

1. 《精益创业》，埃里克·莱斯著，吴彤译，中信出版社 2012 年版。
2. 《高效能人士的七个习惯》，史蒂芬·柯维著，高新勇、王亦兵、葛雪蕾译，中国青年出版社 2020 年版。

推荐电影

1. 《社交网络》（2010 年），大卫·芬奇执导。
2. 《当幸福来敲门》（2006 年），加布里尔·穆奇诺执导。

第六篇 生活保障*

开门七件事，柴米油盐酱醋茶。步入社会开启新生之路，你知道应该怎样迎接全新的生活吗？了解那些提供保障的优惠政策吗？

【阅读提示】

1. 了解关于落户、低保、医保、养老保险等现行政策信息，为出监回归做好积极准备。

2. 了解关于住房、出行、办事等相关知识，结合自身情况做好未来规划。

---

* 本章涉及的政策法规及相关数据均以2024年为参考，如遇政策调整或变动，以政府官网最新发布为准。

第一节　如何办理落户

办理户口登记

办理户口登记是我国公民获得身份证以及求学、工作、结婚、领取护照和社会补助等的前提。对于刑释人员来说，"户口"就是法律意义上的家，无法顺利落户，就无法展开新的工作和生活，甚至可以说寸步难行。

许多刑释人员认为户口登记只是国家和政府的事，在出狱后不急于解决落户问题。这样做，不但不能保护自己的切身利益，还可能给自己带来麻烦。

【案例链接】

64岁的吴某，已经是第5次面临释放了，早在1979年就因盗窃罪被判刑。出狱后，他又重操旧业，先后入狱，并在北京、河北多个监狱服刑。这期间，他的父母早已过世，吴某也一直未成婚。如今年过六旬的吴某想过安定的生活，却面临无家可归、无以为生的困境。原来，吴某在初次服刑时户口被注销，几次出狱后，由于历史原因和弄丢释放证明等个人原因，户口一直未上。如今吴某上不了户口，就无法申请低保、廉租房和办理社保手续等。司法所人员几经查找，跑了几家监狱，终于找到了吴某的服刑记录，补齐了办理户口的所有手续，并帮助吴某顺利落户。

一般来讲，罪犯在刑罚执行完毕，自释放之日起3个工作日内，要凭"释放证明书"到户籍地公安派出所办理户籍登记，并到司法所报到。上述案例中，吴某一直未办理户籍登记，给自己的正常生活带来了不必要的麻烦。

办理居民身份证

　　刑释人员办理落户后，就可以申请办理居民身份证。居民身份证是用于证明居住在我国境内的公民的身份证明文件，身份证号码是每个公民唯一的、终身不变的身份代码。身份证作为个人身份信息的重要凭证，在人们的日常生活中扮演着至关重要的角色。它不仅为人们参与各类社会活动提供了身份验证，如开户、入职、登机、旅行等，而且是维护社会秩序和保障个人安全的重要手段。在公共场所、政府机关等地，身份证的使用能够确保个人身份的合法性，预防各类违法犯罪行为。同时，随着信息化的发展，身份证还被广泛应用于各类数字身份认证，保障了网络安全和个人隐私。

　　刑释人员的身份证如果还在有效期内，是可以继续使用的，不需要重新办理。如果过期、损毁或丢失了，应该及时去就近派出所申请换领、补领身份证。

【政策导读】

　　京籍居民换领、补领身份证流程：

　　本市户籍申请人持居民身份证原件（原件丢失的，需填写《丢失补领居民身份证申请书》），到常住户口所在地或本市辖区内的工作地、居住地等任意一个派出所户籍接待室，进行现场办理。现场进行指纹采集、人像采集等工作。申请人在受理之日起城区10个工作日、郊区12个工作日内凭借领取凭证，现场领取。

　　目前，按照居民身份证有效期的规定，未满16周岁的公民，有效期5年；年龄在16周岁至25周岁，有效期10年；26周岁至45周岁，有效期20年；46周岁以上的，长期有效。

　　刑释人员如果在申请领取、换领、补领居民身份证期间，急需使用居民身份证的，可以持居民身份证领取凭证纸质版到任意一个公安分局户政大厅申请领取临时居民身份证。

【案例链接】

胡某,因参与传销诈骗被判刑。如今她已经 57 岁,长期生病,家庭分崩离析,处于老无所依、老无所养的状态。原来,犯罪行为不但让她受到刑罚处罚,更让她付出了亲情的代价。父母离世后,留下的老房子被亲戚占去。服刑期间,她的第 2 任丈夫患癌症离世,继女戴着孝到监狱探视过她,而后便断了与她的联系。胡某的户口从原户籍地迁出后,没到其他地方落户,处于没有户口、没有亲人的状态,即将出狱的胡某不知道未来的生活该如何面对。监狱了解到这一情况后,主动联系其原户籍所在地司法所来监帮教。胡某的这种情况不是简单的恢复户籍问题,而是涉及多个部门的难题,司法所的工作人员向其宣讲了相关政策,并叮嘱她释放后第一时间到司法所报到。刑满释放 40 天后,派出所通知胡某办理身份证。

思考题

你对落户的政策和流程是否了解,还有哪些疑问?

第二节　如何申请低保

最低生活保障

最低生活保障，也就是人们常说的低保，是指国家对家庭人均收入低于当地政府公告的最低生活标准的人口给予一定现金资助，以保证该家庭成员基本生活所需的社会保障制度。刑释人员享有公民的正当权利，和其他公民一样，在生活困难时，可以向政府部门申请低保，但具体能不能通过审查，还要看本人的具体条件是否符合申请低保的相关规定。刑释人员回到社会后常常会有一段时间的不适应，再加上一时难以找到工作，而缺乏生活来源，申请低保可以为生活提供基本的保障。《监狱法》规定，刑释人员丧失劳动能力又无法定赡养人、扶养人和基本生活来源的，由当地人民政府予以救济。这就从法律上保障了这部分人的基本生活，体现了政府的关怀。那么，刑释人员如何按相关规定和程序顺利地申请低保，为自己的出狱生活提供保障呢？

【案例链接】

朱某，48岁，在监狱服刑5年后即将刑满释放。朱某患有偏执性精神障碍，基本丧失劳动能力，并需要长期服药。入狱前父亲早逝，与母亲靠捡拾垃圾生活。在服刑期间，其母亲因病去世，只留下1间不足10平方米的简易房。朱某在与监狱民警的交谈中，多次表露出对出狱后生活的担忧。了解到朱某的情况后，监狱民警积极协调朱某户籍所在地的司法所，并联系街道、居委会、社区民警、派出所民警、社区心理咨询师等部门和社会力量，共同研究朱某释放后的衔接和安置等事宜。经过多次协调和努力，派出所民警到狱内为朱某提前采集身份证相关信息，为其恢复户籍并办理身份证；监狱医院给朱某做好临释前的体检工作、完善病历和就医服药情况；居委会工作人员按照相关流程协助朱某办理了低保、医疗、困难救助等前期审核工作。释放当天，监狱还贴心地为朱某准备了崭新的便服和一些生活用品，朱某非常感动。有了低保，朱某最基本的生活就有了一定的保障。

罪犯出监后，可以根据自身情况，比照各地低保标准，在符合相关条件的情况下，按照法定程序办理相关手续并领取最低生活保障金。具体到北京，北京市人民政府 2018 年 5 月发布了《北京市社会救助实施办法》，明确规定了最低生活保障、特困人员供养、专项救助、受灾人员救助和临时救助等内容。2018 年 11 月发布的《北京市城乡居民最低生活保障及低收入家庭救助制度实施细则》对城乡低保标准、低保范围和申请流程做出了详尽的规定。

城乡低保标准[1]

【政策导读】

北京市实施城乡统一的最低生活保障标准。城乡低保标准主要考虑居民的基本生活需要，按照本市上年度城镇居民人均消费支出的一定比例确定，并根据本市经济社会发展水平、物价变动和居民消费支出等情况适时调整。以 2024 年为例，本市低保标准为每人每月 1450 元。[2]

---

[1] 资料来源：《北京市最低生活保障和低收入家庭救助审核确认办法》。
[2] 参见 2024 年 8 月 21 日北京市民政局与北京市财政局联合下发的《关于调整本市最低生活保障标准的通知》。

低保范围

本市户籍居民组成的家庭，共同生活的家庭成员月人均收入低于本市当年城乡低保标准，且符合本市城乡低保家庭财产状况规定的，纳入城乡低保范围。非本市户籍居民与本市户籍居民结婚组成的家庭，非本市户籍居民持有本市居住证，且符合本市城乡低保家庭收入和家庭财产状况规定的，也可纳入本市城乡低保范围。

如何申请

申请低保、低收入家庭救助应当以家庭为单位，由申请家庭确定一名共同生活的家庭成员作为申请人，向户籍所在地街道（乡镇）书面或线上提出申请，也可向居住地街道（乡镇）提交申请材料，由该街道（乡镇）通过社会救助信息管理系统将全部材料转介至户籍街道（乡镇）。履行申请程序有困难的，可以委托社区（村）或他人代为申请，并办理相应委托手续。

申请材料

申请低保、低收入家庭救助的，应当填写《社会救助申请承诺及授权书》，并提交以下材料：

（1）本人和共同生活家庭成员，以及法定赡养人、抚养人、扶养人的身份证和户口本原件；

（2）无法通过政务数据共享获得的其他材料。

申请城乡低保家庭相关人员应当按规定提交相关材料，书面说明家庭收入和家庭财产状况并签字确认；履行授权核对其家庭经济状况的相关手续，并配合开展调查工作；承诺所提供的信息真实、完整、无欺骗和隐瞒；家庭成员、家庭收入、家庭财产状况发生变化时，须及时主动申报；法定劳动年龄段内有劳动能力未就业人员应当积极求职就业，并自愿接受街道（乡镇）提供的就业培训、职业介绍。其中，登记失业人员应当按照本市就业失业管理规定履行相关义务。

　　申请低保对于部分刑释人员可以作为临时性的生活安置，解决出监后一段时间的生活问题。但是，有劳动能力的刑释人员要积极做一些力所能及的工作，增加收入，改善生活质量，在实现人生价值的同时，尽量减轻政府的负担。

思考题

1. 你怎样规划释放后的生活？
2. 如果考虑申请低保，你是否满足相关条件？

第三节　医疗保障为健康护航

人们都向往健康，但人人都避免不了疾病，常言道：金无足赤，人无完人；人吃五谷，孰能无病呢？刑释人员也同样面临着不确定的疾病风险，看病也是一笔不小的费用。为了减轻居民看病费用负担，防止因病返贫致贫，有效化解个人和家庭得病甚至得大病后面临的经济困难，国家推行了一系列基本医疗保险措施，从而化解和减少了参保人因患病引起的经济风险，体现了国家对居民健康权益的重视和保障，促进了社会的公平与和谐。

【案例链接】

2022年2月22日，苏某焦急地来到江南中司法所，反映他的养老保险和医疗保险账户被法院执行冻结，且多次与法院的办案法官联系未果，一时间生活陷入了困难。原来苏某因犯合同诈骗罪被判处有期徒刑11年6个月，于2021年1月25日从监狱刑满释放。苏某身患多种老年人基础病和慢性病，需要定期就医检查。在社区工作人员的指引下，苏某成功办理了养老保险和医疗保险，缓解了医疗开支带来的经济压力，但因财产损害赔偿纠纷一案，法院对其养老保险和医疗保险账户进行了冻结，使他又陷入困境。

为此，司法所工作人员先后多次向法院执行局了解情况、沟通协调，并邀请社区法律顾问为苏某提供法律咨询和法律帮助，帮助苏某书写申请书。最终，苏某在法律顾问的指引下向法院执行局提交相关资料，成功与办案法官联系上，并申请解冻医保账户和划拨最低生活保障费用。

北京市城乡居民基本医疗保险[1]

【政策导读】

2017年，北京市人民政府印发了《北京市城乡居民基本医疗保险办法》，同时北京市人力资源和社会保障局发布了《北京市城乡居民基本医疗保险办法实施细则》，共同打破了城乡地域壁垒，消除了城乡身份差异，标志着北京市开始实施统一的城乡居民基本医疗保险制度，并明确了本市城乡居民基本医疗保险的参保人群、报销标准、就医管理等方面的内容。

参保人群

（1）"城乡老年人"：无其他基本医疗保障，且男年满60周岁和女年满50周岁的本市户籍城乡居民；

（2）"劳动年龄内居民"：无其他基本医疗保障，且男年满16周岁不满60周岁，女年满16周岁不满50周岁的本市户籍城乡居民；

（3）"学生儿童"：在本市行政区域内的全日制普通高等院校、科研院所、普通中小学校、中等职业学校、特殊教育学校、工读学校就读的本市户籍在校学生、非在校的本市户籍少年儿童，以及在本市行政区域内的全日制普通高等院校、科研院所中接受普通高等学历教育的全日制非在职非北京生源，且无其他基本医疗保障的学生。

（4）国家和本市规定的其他人员。

参保方式

街道（乡镇）社会保障事务所负责城乡老年人、劳动年龄内居民、非在校学生儿童的参保服务工作，由本人或家属在户籍所在地或居住地

---

[1] 资料来源：《北京市城乡居民基本医疗保险办法》。

的社会保障事务所办理参保缴费手续。符合当年参保条件的人员，自取得本市户籍或符合参保条件之日起 90 日内持本人户口簿、居民身份证、电子照片等材料到本人户籍所在地或居住地社会保障事务所办理参保缴费手续，按缴费标准一次性缴纳当年的医疗保险费。自参保缴费的当月起享受城乡居民基本医疗保险待遇，享受待遇时间至当年的 12 月 31 日。

报销标准

参保人员发生的，符合本市基本医疗保险药品目录、诊疗项目目录、医疗服务设施范围以及学生儿童补充报销范围规定的门（急）诊、住院医疗费用，由城乡居民医保基金按规定支付。

目前城乡居民基本医疗保险参保人员在一个医疗保险年度内发生的门（急）诊封顶线为 5000 元，住院封顶线为 25 万元。

2024 年北京市城乡居民基本医疗保险医疗费用报销比例一览表　　单位：元

类别	起付线（按医院级别）			报销比例（按医院级别）			封顶线
	一级及以下	二级	三级	一级及以下	二级	三级	
门诊	100	550		55%	50%		5000
住院	300	800	1300	80%	78%	75%~78%	25 万

刑释人员在回归社会后重新就业的，可以参加城镇职工基本医疗保险，享受城镇职工基本医疗保险待遇，不再享受城乡居民医保待遇。

此外，享受本市城乡居民最低生活保障和生活困难补助人员、享受城乡低收入救助人员、特困供养人员，在享受城乡居民基本医疗保险待遇后，符合医疗救助条件的，还可向民政部门继续申请医疗救助。

办理了医保后，在医院看病、用药、住院、手术等就可以通过医保卡按照相关规定报销医药费用了。值得注意的是，在使用医保卡时一定要遵守规定，避免任何形式的违规行为，如冒用他人医保卡（即使用他人的医保卡进行医疗费用结算）、违规套现（即使用医保卡购买非医疗用品，如保健品、日用品）、药品转卖（即利用医保卡购买大量药品后转卖，从中获取非法利益）等，这些行为不仅违反了《医疗保障基金使用监督管理条例》等相关法律法规，还严重危害了医保基金的使用安全。国家对这类行为采取了严厉的打击措施，一旦发现，不仅要求原数退回相关金额，还将面临罚款甚至刑事责任。

【案例链接】

北京市医疗保障局接到反映马某某多次使用本人和他人的社保卡虚假就医、购买并出售药品的案件线索后，立即对涉案人员进行立案调查，调查发现2019年4月至2020年10月参保人马某某多次使用本人、刘某、李某以及张某的社保卡在多家医院虚假就医、购买药品，并将药品出售给曲某。经询问，马某某承认违法事实。经核算，查实马某某累计骗取医保基金51 624元。

依据《社会保险法》的有关规定，北京市医疗保障局对当事人马某某做出《行政处罚决定书》，责令退回骗取的医保基金51 624元，并处骗取金额2倍的103 248元罚款的行政处罚，共计154 872元。密云区人民法院依法对马某某作出判决，被告人犯诈骗罪，判处有期徒刑1年。[1]

医院的选择

从大体上讲，我国医院按照功能和任务的不同划分为一级、二级和三级，每级再划分为甲、乙、丙三等，其中三级医院增设特等级别，因此医院共分三级十等。一级医院是直接为社区提供医疗、预防、康复、保健综合服务的基层医院，是初级卫生保健机构。二级医院是跨几个社区提供医疗卫生服务的地区性医院，是地区性医疗预防的技术中心。三级医院是跨地区、省、市以及向全国提供医疗卫生服务的医院，是具有全面医疗、教学、科研能力的医疗预防技术中心。具体到北京，刑释人员在生病需要就医时可以根据自身情况，结合北京的医疗条件和相关政策做出选择。

---

[1] 根据北京市医疗保障局通报的医保领域个人违规典型案例改编。

北京作为中国的首都，拥有全国最丰富的医疗资源，不仅拥有世界先进的医疗设备和技术，还聚集了大量的医学专家和学者。医院的选择直接影响到诊断和治疗的效果，在选择医院时一定要全面考察医院的软件和硬件条件，并结合自身病情轻重等做出判断，在选择就医时可以考虑以下因素：

首先，一般的头疼脑热可选择家门口的社区医院，社区医院是具备预防、保健、康复、健康教育等为一体的基层卫生服务中心，可以提供基本的疾病预防和诊疗服务。自2021年7月1日起，本市基本医疗保险参保人员到定点社区卫生机构就医时，无须事先选择定点社区卫生机构作为本人定点医疗机构，可直接就医。

其次，如果疾病超出社区医院的诊疗范围，可以直接选择大型综合性医院或专科医院就诊。目前，北京市59家A类定点医院（包括中国医学科学院北京协和医院、首都医科大学附属北京同仁医院、首都医科大学宣武医院等）、专科医院和中医院无须定点即可直接就医。一般情况下，医学院校的附属医院实力较为雄厚，在医疗知识和技术的更新上略胜一筹，在处理疑难杂症时也更有经验。医院的口碑也是值得考虑的因素，就诊前可以到网上搜索相关医院的介绍和评价，特别是对某一领域的专家的介绍，方便就诊时选择合适的医生。另外，如果所患疾病不限于某一系统，尽量选择综合性医院，其诊疗设备多样且便于会诊；如果疾病属于某一特定系统，可以选择肿瘤医院等专科医院，其专业性更强。就诊前，可以了解不同医院和医生的擅长领域，根据自己的病情和需求，选择合适的医院。

选好医院，就可以进行挂号了。目前，北京的医院普遍实行预约挂号制度，市民可以通过线上或线下的方式进行预约挂号，包括北京市预约挂号统一平台、各医院的官方网站、手机APP、微信公众号、电话、自助机等多种途径。市民可以在官网查看相关科室、医生介绍，根据需求预约。预约挂号后，按照预约时间到医院取号窗口或自助机上取号报到、等候就医就可以了。

思考题

如何办理城乡居民基本医疗保险？

第四节　养老政策解人忧

　　五亩之宅，树之以桑，五十者可以衣帛矣；鸡豚狗彘之畜，无失其时，七十者可以食肉矣；百亩之田，勿夺其时，数口之家可以无饥矣；谨庠序之教，申之以孝悌之义，颁白者不负戴于道路矣。

——《孟子·梁惠王上》

　　老有所养，即人们进入老年后，不能独立解决生活问题的情况下，能够得到来自家庭或社会的赡养、扶助。科学、人性、健康的养老政策能让人们解除后顾之忧。从中国传统的养老之法到现代的各项养老政策，"老有所养"一直是社会文明的重要标志。弘扬中华民族优良传统，发挥好家庭在经济供养和情感慰藉等方面的作用，将养老和良好和睦的家庭关系结合起来，让刑释人员在感受家庭温暖的同时，树立信心，更好地融入社会。

　　因此，政府鼓励和引导有条件的居民建立个人和家庭养老计划，购买商业养老保险。同时，北京市也采取各项措施建立了相对完备的养老制度体系。2023年10月，北京市人民政府办公厅印发的《关于完善北京市养老服务体系的实施意见》指出，建立以区级养老服务指导中心为统筹，以街道（乡镇）区域养老服务中心为主体，以社区养老服务驿站为延伸，精准链接养老服务资源，形成与常住人口、服务半径挂钩，城乡协同、全面覆盖的三级养老服务网络。到 2025 年，本市基本养老服务体系覆盖全体老年人。

基本养老保险

【政策导读】

依据《社会保险法》的有关规定，无雇工的个体工商户、未在用人单位参加基本养老保险的非全日制从业人员以及其他灵活就业人员可以参加基本养老保险，由个人缴纳基本养老保险费。参加基本养老保险的个人，达到法定退休年龄时累计缴费不足 15 年的，可以缴费至满 15 年，按月领取基本养老金；也可以转入新型农村社会养老保险或者城镇居民社会养老保险，按照国务院规定享受相应的养老保险待遇。

2025 年 1 月 1 日开始实施的《国务院关于渐进式延迟法定退休年龄的办法》中规定，从 2030 年 1 月 1 日起，将职工按月领取养老金最低缴费年限由 15 年逐步提高至 20 年，每年提高 6 个月。职工达到法定退休年龄但不满最低缴费年限的，可以按照规定延长缴费或者一次性缴费的办法达到最低缴费年限，按月领取养老金。

为进一步完善北京市社会养老保障体系，保障城乡居民老年的基本生活，实现老有所养，北京市实施城乡居民基础养老金和福利养老金制度。本市户籍人员年满 16 周岁（不含在校学生），非国家机关和事业单位工作人员及不属于职工基本养老保险制度覆盖范围的城乡居民，可以参加城乡居民基本养老保险。

刑释人员刚刚重新步入社会，可能一时之间难以找到适合自己的工作，没有固定单位。这时候，对那些年龄大一些的人来说，城乡居民基本养老保险就为养老提供了一个很好的选择。

【延伸阅读】

北京市人力资源和社会保障局公布了 2024 年城乡居民基本养老保险缴费标准。该标准规定，最低缴费标准为每年 1000 元，而最高缴费标准为每年 9000 元。参保人可以在这两个标准之间自由选择缴费金额。

有三类人群可以享受政府的代缴保费优惠政策：一是享受低保待遇人员和非重度残疾人：政府将按照当年最低缴费标准的 50% 进行代缴，目前的标准是 500 元；二是特困供养人员和重度残疾人：政府将按照当年最低缴费标准的 100% 进行代缴，目前的标准是 1000 元。

参保人在参保缴费时，可以根据不同的缴费标准享受相应的缴费补贴。参保人员可以携带有效身份证件到本市行政区域内任一街道（乡镇）政务服务中心办理参保登记。

2022 年 4 月，国务院办公厅发布《关于推动个人养老金发展的意见》，规定个人养老金实行个人账户制度，缴费完全由参加人个人承担，实行完全积累。参加人通过个人养老金信息管理服务平台，建立个人养老金账户。个人养老金账户是参加个人养老金制度、享受税收优惠政策的基础。参加人可以用缴纳的个人养老金在符合规定的金融机构或者其依法合规委托的销售渠道购买金融产品，并承担相应的风险。个人养老金资金账户实行封闭运行，其权益归参加人所有，除另有规定外不得提前支取。同时规定，参加人每年缴纳个人养老金的上限为 12 000 元。参加人达到领取基本养老金年龄、完全丧失劳动能力、出国（境）定居，或者具有其他符合国家规定的情形，经信息平台核验领取条件后，可以按月、分次或者一次性领取个人养老金，领取方式一经确定不得更改。领取时，应将个人养老金由个人养老金资金账户转入本人社会保障卡银行账户。

思考题

你是否参加过基本养老保险并缴费？缴费年限是多少？

第五节　住房与出行

> 从明天起，做一个幸福的人，喂马，劈柴，周游世界。从明天起，关心粮食和蔬菜，我有一所房子，面朝大海，春暖花开。
>
> ——海子

保障性住房

居有定所是人们生活最基本的保障。北京的房价较贵，在买房方面也有诸多限制，刑释人员刚刚回归社会，缺乏一定的经济条件，一时之间住宿也成了很大的问题。面对这样的现实问题，刑释人员在靠自己解决居住问题的同时，政府也出台了一系列的措施，旨在降低房价，解决中低收入群体买房难、居住条件差等问题，了解相关的政策可以在有限的经济条件下让自己住得更舒适。

一般情况下，如果刑释人员有父母、配偶或子女的，应该首先考虑回归家庭，选择与近亲属共同居住，这样既有利于沟通感情，也有利于节省开支。如果没有近亲属或不便一起居住的，可以考虑暂时居住在其他亲友家中。当然，暂时居住在亲友家中并非长久之计，暂住期间还应考虑自购房屋或租房居住。刑释人员一般属于中低收入人群，可以考虑政府所提供的保障性住房。保障性住房是政府为中低收入住房困难家庭提供的限定标准、限定价格或租金的住房，这里主要介绍共有产权住房和公共租赁住房。

【政策导读】

共有产权住房

在自购房屋方面，由于商品房价格比较高且附带一定的限购政策，给买房带来了一定的困难。如果刑释人员具有一定的经济实力，且满足购房条件，可以考虑购买商品房。但对大多数刑释人员来说，往往不具备这样的经济实力，这时可以考虑申请购买共有产权住房。共有产权住房是指政府提供政策支持，组织建设单位建设，销售价格低于同地段、同品质商品住房价格水平，并限制使用范围和处分权利，实行政府与购房人按份共有产权的政策性商品住房。

申请家庭应同时具备以下条件：一是申请人应具有完全民事行为能力，申请家庭成员包括夫妻双方及未成年子女；单身家庭申请购买的，申请人应当年满30周岁。二是申请家庭应符合本市住房限购条件且家庭成员在本市均无住房。但如果申请家庭在本市有住房转出记录或申请家庭已签订住房购房合同或征收（拆迁）安置房补偿协议等情况，就不能申请购买共有产权住房了。

共有产权住房申请审核和配售采取项目登记制，不搞轮候。共有产权住房实行网上申购，具体按照以下程序进行：

（1）网上公告。开发建设单位取得项目规划方案复函后，向项目所在区住房和城乡建设委员会提交开通网上申购的申请，经审核批准后准予开通网上申购并发布项目公告，网上申购期限不少于15日。

（2）网上申请。符合条件的家庭，可在共有产权住房项目开通网上申购期间内登录区住房和城乡建设委员会官方网站提交项目购房申请，在线填写《家庭购房申请表》和《承诺书》，如实申报家庭人口、户籍、婚姻、住房等情况，并按照本办法规定的条件和项目公告，准备相关证明材料。

（3）联网审核。市住房和城乡建设委员会会同公安、地税、社保、民政、不动产登记等部门在申购期结束后20个工作日内，通过本市共有产权住房资格审核系统对申请家庭的购房资格进行审核，区住房和城乡建设委员会对申请家庭在本区就业等情况进行审核。审核通过的家庭，可取得申请编码。

申请家庭可登录区住房和城乡建设委员会官方网站查询资格审核结果。对审核结果有异议的，可以自资格审核完成之日起10个工作日内，持相关证明材料到区住房和城乡建设委员会申请复核。

公共租赁住房

相比于自购房屋，租房对于刚刚出狱、暂时没有居所的人来说更具可行性。在租房时，房源的选择要综合考虑自身经济情况和住房需求，对于生活困难的低收入人群来说，可以考虑申请公共租赁住房。公共租赁住房，是指限定建设标准和租金水平，面向符合规定条件的城镇中等偏下收入住房困难家庭、新就业无房职工和城镇稳定就业的外来务工人员出租的保障性住房。公共租赁住房供应对象主要是城市中低收入住房困难家庭。符合下列条件之一的，可以申请公共租赁住房。

申请条件：申请人须具有本市城镇户籍，家庭人均住房使用面积15平方米（含）以下；3口及以下家庭年收入10万元（含）以下、4口及以上家庭年收入13万元（含）以下。符合申请条件的具有本市城镇户籍家庭，可以到户籍所在地街道或乡镇住房保障管理部门申请。

审核流程：户口所在地街道办事处或乡镇人民政府住房保障管理部门对申请家庭收入、资产、人口和住房状况进行初审、公示；各区住房保障管理部门复审、公示和认定；市住房保障管理部门备案。

申请材料：

（1）按要求填写的《保障性住房申请家庭情况核定表》（一式两份）；

（2）申请人及家庭成员身份证（正反面印在一张纸上）；

（3）申请人及家庭成员户口簿（首页、本人页、变更页印在同一纸张上，正面是首页和本人页，背面是变更页）；

（4）外省市在京工作人员，提供本市公安机关出具的同期居住证；

（5）已婚家庭成员的结婚证，离异的提供离婚证、离婚协议或法院判决书；

（6）申请家庭成员承租公房的《公房租赁合同》，或名下住房的房屋所有权证等权属证书及其户口所在地的住房凭证；

（7）家庭成员工作单位出具的收入、住房证明。

便捷出行

在北京出行，有多种方式可以选择，包括自驾、地铁、公共汽车、网约车、出租车、共享单车以及步行等。

地铁

北京拥有发达的地铁网络，覆盖城市的主要区域。目前，地铁已成为北京市民出行的重要方式，乘客可以使用支付宝、亿通行、北京一卡通等方式电子购票，实现无感无障碍换乘。

公共汽车

北京有众多的公交线路，覆盖城市的各个角落，为市民提供了极大的便利。北京的公交车票价非常便宜，对于广大居民来说是一种经济实惠的出行选择。公交车的运营时间较长，满足了市民不同时间段的出行需求。

出租车

相较于公共交通线路固定、等待时间较长等问题，出租车出行则要灵活得多，出租车可以到达你需要到达的任何地方，并且可以随时随地叫到。对于那些需要快速出行，没有时间等待公共交通的人来说，出租车是一个很好的选择。例如，赶飞机、赶火车或前往医院等紧急情况，出租车可以提供即时的服务。

共享单车

共享单车作为一种新型绿色环保的交通工具，改变了人们的出行方式，为人们的出行提供了极大的便利。共享单车可以在校园、地铁站点、公交站点、居民区、商业区、公共服务区等提供服务，使用者只需通过手机扫码即可解锁骑行，大大方便了人们的短途出行。共享单车的使用费用低廉，相比于传统汽车或其他交通工具，为人们的出行提供了经济实惠的选择。

【案例链接】

吴某，因抢劫罪被判有期徒刑8年。2024年刑满释放后，想从事货物运输，却发现自己的驾照已经过期，吴某该怎么办呢？

2022年4月1日起实施的《机动车驾驶证申领和使用规定》中明确了初次申领的机动车驾驶证有效期为6年，机动车驾驶人应当于机动车驾驶证有效期满前90日内，向机动车驾驶证核发地或核发地以外的车辆管理所申请换证，换证需提交机动车驾驶人的身份证明和医疗机构出具的有关身体条件的证明。超过机动车驾驶证有效期1年未换证的，机动车驾驶证将被注销。机动车驾驶人因服兵役、出国（境）等原因，无法在规定时间内办理驾驶证期满换证、审验、提交身体条件证明的，可以在驾驶证有效期内或有效期届满1年内向机动车驾驶证核发地车辆管理所申请延期办理，延期期限最长不超过 3 年。机动车驾驶人可以委托代理人代理换证、补证、提交身体条件证明、提交审验材料、延期办理和注销业务。代理人申请机动车驾驶证业务时，应当提交代理人的身份证明和机动车驾驶人的委托书。

思考题

你是否有保障性住房方面的需求？是否符合相关条件？

第六节　便民服务

近年来，北京市推行了一系列便民措施，提供了多样化的便民服务渠道，包括市级政府部门网站、各区政府网站、微信、微博、邮箱等，确保居民可以通过多种方式获取和办理政务服务。

一站式政务服务

一站式政务服务是指政府通过整合各部门的服务资源，提供一站式的办事服务，方便市民和企业办理各类政务事项。这种服务模式的推行，可以提高办事效率、节省办事时间、减轻市民和企业的办事负担。

【案例链接】

市民小王需要办理出生证明。他首先通过政务服务中心的官方网站查询到出生证明属于民政部门的办事事项。然后，他在线预约了办事时间，选择了一站式政务服务中心作为办事地点。

到达一站式政务服务中心后，小王通过自助取号机取得了办事号码，并在等待区等待叫号。当他的号码被叫到时，他到指定窗口提交了出生证明所需的材料，包括身份证、户口本等。工作人员对材料进行审核，并告知小王需要补充一份父母的结婚证明。小王立即补充了材料，并重新提交。

经过审核后，工作人员办理了出生证明手续，并告知小王可以在3

个工作日后来领取。小王在领取时,对一站式政务服务中心的服务表示满意,并在满意度调查中给予了高分评价。

通过一站式政务服务,小王只需在一个地方办理出生证明,避免了多次跑腿的麻烦,办事效率也得到了极大提升。

总之,一站式政务服务的办事流程为市民和企业提供了更加便捷高效的办事体验。政府通过整合资源,提供一站式服务,为市民和企业减轻了办事负担,提高了办事效率,推动了政务服务的现代化进程。

"京通"城市公共服务

"京通"小程序是北京市打造的面向企业和市民的城市公共服务移动端入口,2022年年底开始试运行。"京通"为居民和企业提供了丰富多样且便捷的线上公共服务。居民可以享受到就医挂号、社保缴费、医保报销、公积金查询、居住证申领、进京证办理、停车缴费等民生服务;企业则可以办理设立变更注册登记手续、证照办理等多项服务。目前,"京通"已设置了社保、公积金、交通出行等28个大类,涵盖760余项市级服务,并开设了17个区级旗舰店。

【案例链接】

在朝阳医院门诊大厅内,患者杨先生正在使用手机上的"京通"小程序查询自己的检查报告。只需要点击"报告查询—本人查询",选择所要查询的日期范围,他就能清晰地看到这段时间内自己所有检查检验及影像的报告。杨先生患有骨质疏松症,需要每个月到医院就诊开药,有了"京通"小程序,就诊时间大大缩短,挂号、缴费、检查结果查询等,全都能在这一站式完成。"'京通'小程序的功能非常多,有电子医保凭证,不用再带医保卡,直接拿它去扫二维码就可以了,还可以查询我的检查化验、影像等结果。"

目前"京通"小程序已经上线预约挂号、门诊缴费、检验检查报告查询、急诊就诊地图等功能。在"京通"小程序上，市民可以在"健康服务"板块，获取北京市众多二、三级医疗机构的预约挂号、医保门诊缴费、报告查询等诊前、诊中、诊后以及互联网医疗等服务。目前，北京已有110家医院开通了医保移动支付服务，医保用户通过"京通"小程序微信端和支付宝端，即可完成挂号、门诊费用缴纳。大批医院与"京通"小程序共享号源，这也极大地便利了外地来京就医的患者。"京通"小程序相当于一个整合性的平台，患者更容易去寻找那些更适合治疗他的疾病的医疗资源。

"12345"市民服务热线

在北京，"有事就打12345"成为许多北京市民解决问题的首选渠道。不管大事小情，只要遇到难题，群众首先想到的就是12345。北京12345市民服务热线是适应首都社会发展和满足公众需求而建立的城市综合信息服务平台，按照北京市政府提出的"六类"职能要求，不间断地向公众提供全方位服务。通过接听市民来电，解答公众咨询，收集和整理社情民意，受理各类诉求，如实记录并通过交办，妥善解决市民遇到的问题。在接听市民来电时，应依据知识库系统或职能部门专业答复，解答市民咨询，受理市民提出的诉求、意见、建议、投诉、举报等事项。要求电话工单完成如实、准确的记录，并按照规定升级处理。

思考题

1. 你最经常使用的出行方式有哪些？
2. 你了解或使用过哪些北京便民服务措施？

推荐书目

1. 《富爸爸穷爸爸》，罗伯特·清崎、莎伦·莱希特著，萧明译，南海出版社2011年版。
2. 《小狗钱钱》，博多·舍费尔著，王钟欣、余茜译，中国工人出版社2002年版。

推荐电影

1. 《最好的相遇》(2023 年),哈智超执导。
2. 《飞越老人院》(2012 年),张杨执导。

第七篇 品味生活

走出"高墙"重启人生，回归社会后的你将面对全新的生活。珍惜这份"新生"的意义并不在于轰轰烈烈地干一番事业，也不在于光宗耀祖的功成与名就，而在于学着在朴实而平淡的生活中去品味"活着"的价值、责任和乐趣……

【阅读提示】

1. 了解读书、学习、保持身心健康等对生活的重要意义。

2. 掌握生活中一些自我激励、自我提升以及自我调节的方法。

3. 培养积极乐观的生活态度和生活方式。

第一节　书香雅韵

　　读过一本好书，像交了一个益友。
　　　　　　　　　　　　——臧克家

　　古人说：至乐莫若读书。读书是最好的心灵之旅，可以让人沉静下来，将读过的书融进灵魂，沉淀成智慧，享受一种灵魂深处的愉悦。唯有书籍，能打破空间和时间的禁锢，拓宽灵魂的边界，铺展生命的广度。

品书香

　　说到书，有一个词常被提及，那就是"书香"，比如书香门第、书香世家、书香子弟等。但当问及书香究竟是指哪种香，却未必人人都能回答得出。梁实秋曾在《书》一文中说："从前的人喜欢夸耀门第，纵不必家世贵显，至少要是书香人家才能算是相当的门望。书而曰香，盖亦有说。从前的书，所用纸张不外毛边连史之类，加上松烟油墨，天长日久密不通风自然生出一股气味，似沉檀非沉檀，更不是桂馥兰馨，并不沁人脾胃，亦不特别触鼻，无以名之，名之曰书香。"

　　然而，当我们追溯历史，发现书香并非书籍本身的书墨之香，而是芸香。古人为了防止蛀虫咬食书籍，便把芸草放置书中，使书不被虫咬。书中清香之气，日久不散，打开书后，香气袭人。因此，芸草深受读书人和藏书家的钟爱，他们便给高雅的典籍赋予了"书香"的美称，由此世代流传，指代喜好读书的风气。

　　钱钟书先生说过："如果不读书，行万里路，也只是个邮差。"正如没有一艘非凡的战舰能像一册书籍一样，把我们带到浩瀚的天地。你无法到达的地方，文字载你过去。你无法经历的人生，书籍带你相遇。

那些读过的书，会一本本充实你的内心，那些书中的人物，也会在你深陷生活泥潭之时，轻声地呼唤，用他们心怀梦想，不卑不亢的故事，激励你抵御苦难，勇往直前。

如今，很多人还是忘不掉那一抹淡雅的书香，选择走进书店，或依偎在房中，或随时随地，拾起一本书，或悠闲自得，或全神贯注，在阅读中汲取力量，让阅读成为一道亮丽的风景线、一种文化潮流、一种恬静的生活方式。

【名人故事】

战国时期，有一个叫苏秦的人，他出身农民，少有大志，曾随鬼谷子学游说术多年，后辞别老师，下山求取功名。苏秦先回到洛阳家中，变卖家产，然后周游列国，向各国国君阐述自己的政治主张，希望能施展自己的政治抱负。但没有一个国君重视他的学说，苏秦只好垂头丧气，穿着旧衣破鞋回到家里。家人见他如此落魄，也瞧不起他。苏秦央求嫂子做顿饭，嫂子非但不给他做，还狠狠地训斥了他一顿。苏秦意识到自己说服不了别人、遭人看不起是因为自己的学问不深，从此振作精神，苦心攻读。他常常读书到深夜。为了防止睡着，就准备一把锥子，一打瞌睡，就用锥子往自己的大腿上刺一下，以猛然间的疼痛使自己清醒起来，然后再坚持读书。后来他终于联合了齐、楚、燕、赵、魏和韩国反抗秦国，被授予六国的相印，成为战国时期有名的政治家。

可见，古人非常重视读书，虽然时代不同了，但读书依然是件有益的事情。

读书是自我提升的过程，每一本书，每一个故事，都是一段人生，都折射出一个世界，读书的过程就是感悟生活的过程。当你苦闷烦躁时，读书能使心情平静；当你迷茫徘徊时，读书使你睿智，看清前方的道路。读书如同存钱，一点一滴地积累，你会发现你是世界上最富有的人。

读好书

开卷有益，书香致远。自古就有"书中自有黄金屋""书中自有颜如玉"的古训，很多有梦想的人，都懂得读书的重要性。人与书的相遇，每时每刻都在地球的不同角落发生。而今，身处信息时代，读书学习的手段日益丰富，不断求知、终身学习正在成为风尚。

相信不少人有这样的经历。有时候碰到过不去的坎，读一本书就释怀了，因为书籍是前人经过潜心思考之后，留给后人的智慧与经验。读书让人聪明，这种聪明并不是指智商的提高，而是通过读书博采众长，再加上自己的思辨，把前人的智慧经验变成自己的思考判断，进而成为自己世界观和价值观的一部分。

当然，读书不是毫无选择地什么都读，而是要在如今这个出版物众多的时代，懂得排除和筛选。中国当代作家周国平曾说，有段时间，他总是捧着形形色色的流行小报来消遣，但结果总是后悔不已。因为读了一大堆之后，只觉得头脑里乱糟糟又空洞洞的，没有得到任何有价值的东西。后来，他开始读一些文学经典名篇佳作。这不仅让他获得了精神上的启迪和开悟，也最大程度地改变了他的内心世界。他说："人生不能没有朋友，但在一切朋友中最不可或缺的就是好书。因为那些经典好书里藏着一个个伟大的灵魂，一个个独特又完整的精神世界。"

读好书，持续地读好书，就是站在巨人的肩膀上，汲取顶级智慧和巨大能量，让自己摆脱迂腐落伍，走向卓尔不凡。

【延伸阅读】

近年来，北京市监狱管理局持续推进书香监区建设，引导罪犯通过阅读获取知识、净化心灵、提升素养、促进改造，并开展"罪犯最喜爱的十大名著"评选征集活动。通过罪犯班组讨论、监区投票评议、监所汇总筛选等程序进行推荐和评选。北京市监狱管理局推荐的书籍涵盖了以下几类：

（1）励志类书籍。选择具有强烈进取精神和坚韧品格的人物传记、成功学书籍，能激发内在动力，帮助罪犯树立积极的生活态度和改造目标。

（2）文学名著。选择涵盖古今中外的经典文学作品，其情节生动、人物饱满，蕴含丰富的人生哲理和社会洞察，有助于提升情感认知。

（3）法律法规读物。着重选取有助于增强法制观念、了解法律体系、明确法律责任的法律法规普及读物。

（4）传统文化典籍。推荐中华优秀传统文化著作，引导罪犯从传统文化中汲取改造力量。

（5）心理辅导书籍。推荐适合罪犯阅读的心理学书籍，有助于认识自我、调整心态、改善人际关系，从而更好地融入集体生活，实现心理重建。

同时，利用图书室书籍更新、设置名著阅读角、邀请社会专家来监所授课作报告、组织读书分享会、举办演讲比赛、名著读后感征文等形式，充分调动罪犯的读书积极性、扩大参与度和受益面，努力营造"阅读助力新生"的浓厚氛围。

第一批"罪犯最喜爱的十大名著"有《红楼梦》《西游记》《三国演义》《水浒传》《平凡的世界》《战争与和平》《论语》《苦难辉煌》《人世间》《唐诗三百首》。

第二批"罪犯最喜爱的十大名著"有《四世同堂》《老人与海》《繁花》《道德经》《资治通鉴》《红岩》《瓦尔登湖》《宋词三百首》《史记》《钢铁是怎样炼成的》。

善读书

读书可以是一种爱好、一种休闲，也可以是工作之余拓展知识、掌握新技能的方式。每个人读书，可能都有不同的价值取向，不必苛求一致，但读书的意义毋庸置疑，读书足以怡情，足以博采，足以长才。

善于读书，讲究方法，会让读书变得更有乐趣、更有意义、更有效率。正如，书犹药也，善读之可以医愚，也能潜移默化地影响自己。

【名人故事】

毛主席一生酷爱读书，他不信"生而知之"，而笃信"学而知之"，因而读起书来孜孜不倦，给我们留下了无数感人的读书故事。

1. 粗读和精读

毛主席在延安时，曾谈过自己的读书方法："读书要粗读，有个大概的印象，然后是复读，重温一下重要的章节，也叫精读。"毛主席读书不是从头到尾一遍过，而是有粗有细，有省略有重点，这是善于读书的人普遍都有的习惯，也是一个能提高阅读速度，提升阅读质量的高效方法。

2. 不动笔墨不读书

毛主席向来推崇他的老师徐特立"不动笔墨不读书"的读书方法。他读过的书上，总是布满了密密麻麻的笔记，这些笔记有他对文章的总结，也有他的心得，或者他的观点。

3. 读书要"联系实际"

读书是为了什么？是为了认识客观世界的规律，以便人类更好地实践。所以，读书不是象牙塔里的梦幻，而是和真实世界紧密相连的。毛主席在他的著名文章《改造我们的学习》中曾说："许多同志学习马列主义似乎并不是为了革命实践的需要，而是为了单纯的学习。所以虽然读了，但是消化不了。""对于马克思主义理论，要能够精通它、应用它，精通的目的全在于应用。"毛主席对于典故历史的运用堪称炉火纯青，他可以用古人的故事说明今人的新闻，能用文学作品说明现实生活的本质。他能把《聊斋》看成清朝的史料，能从《三国演义》里看到外交、军事、组织，能把《红楼梦》看出史书的味道……

4. 读书要独立思考

读书本质上就是一个思考的过程，只不过这个思考是在作者的引导和协助下进行的。而我们看到的很多书，要么是众人追捧的畅销之作，要么是历史大浪淘沙留下的经典之作,所以很多读者在读书的过程中,就放弃了自主性,全程被作者牵着走,用叔本华的话说:读得再多,也只是把自己的脑子变成别人思想的跑马场。这实际就是放弃思考,放弃批判,迷信盲从的结果。毛主席常引用孟子的话,"尽信书,不如无书"。读书不能盲从,要独立思考,不能放弃成为主体而堕落为受人摆布的客体。毛主席强调,读书既要有大胆怀疑和寻根问底的勇气,又要保护一切正确的东西,和做所有事情一样,既要勇敢,又要谨慎。

悟人生

有人曾经提过这样一个问题,读书到底有什么意义?对这个问题,水平最高的回答是:当你开始想要思考这个问题的时候,就已经拥有了读书的意义。因为,正是读书,教会了你思考。

是的,读书可以让人经历千万种人生,并在思考中收获关于人生的智慧,无论遇到怎样的生活境遇,都可以从读过的书中得到启示。所以才会有很多人赞同这样的说法,世界上性价比最高的投资是读书。因此,读书的益处有千万条,最大的好处应该就是它给人带来智慧,帮助人打开眼界和格局,对这个世界、这个社会乃至对自己有更多清醒的认知。

正如罪犯在书香监区建设活动中普遍谈道,"在阅读的过程中,我接触到了不同的思想和观点,启发自己学着从各种角度去思考问题……","通过阅读,我获取了大量的知识和信息,增长了自己的见识,仿佛坐在监舍内就能看到更广阔的世界……","我在书中随着文字体验了其他人的人生经历,他们的经验或是教训都能够帮助自己更好地应对相同或相似的人生境遇,做出更加合理的选择……","我从优秀的文学作品中汲取到了智慧,找到了人生的指引和动力,深刻体悟到了活着的意义……"。

思考题

1. 谈一谈你最喜欢的一本书,从中你收获了什么?
2. 在生活中,你认为读书的好处有哪些?

第二节　学海无涯

> 书山有路勤为径，学海无涯苦作舟。
> ——韩愈

继续求学

现代社会，知识日新月异，科技进步迅猛，各行各业都在不断发展变化。面对如此快速的变化，我们必须认识到，学习已成为每个人不可或缺的一部分。

在生活的道路上，我们需要坚持学习、不断求知，完善和提高自己，才能适应社会的发展和个人成长的需求，更好地应对生活。

特别是对于罪犯来说，刑满释放后再次回归社会，将面临来自各方面的压力，知识的储备和技能的培养决定了融入社会的难易程度。

许多人在入狱后，后悔自己没有好好珍惜读书的机会，或者希望出狱后能继续求学，或者希望自己的子女能够好好读书，不要像自己一样。

同样，罪犯中有一部分青少年，他们内心渴望继续学习。许多未成年犯在出狱前谈到自己对将来的打算时，都会说："我想读书，找个好出路。"

【延伸阅读】

2023年，在北京教育考试院的支持和相关区自考办的协助下，北京市监狱管理局恢复了因新冠疫情中断3年的罪犯狱内高等教育自学考试。

高等教育自学考试是罪犯文化教育的一项重要内容，对于提升罪犯综合素质，提高就业谋生能力，降低重新违法犯罪率具有重要意义。一直以来，北京市监狱管理局高度重视高等教育自学考试工作，于1986年4月6日率先在全国设立高等教育自学考试特殊考场。38年来，共组织罪犯29 001人次参加高等教育自学考试，13 850人获得了单科结业证书，89人获得了专本科结业证书，在狱内圆了"大学梦"，激发了罪犯改造内驱力，实现从"要我改造"到"我要改造"的思想转变，使改造效果得到最大优化，有力地推动了北京市监狱管理局监管安全的持续稳定以及罪犯改造质量的稳步提升。北京市监狱管理局最新重新犯罪调查结果显示，2016年以来，北京市监狱管理局释放的京籍罪犯中，参加过狱内高等教育自学考试并获得结业证书的无一人再犯，充分证明了高等教育自学考试对于提高罪犯改造质量的重要作用。

终身学习

古人云："吾生而有涯，而知也无涯。"在时代发展日新月异、知识更新速度日益加快的今天，牢固树立终身学习的思想，把学习从单纯的求知变为生活的方式，努力做到活到老、学到老，对于我们不断成长进步，不断完善和充实自己具有重要意义。

党的二十大报告中强调：建设全民终身学习的学习型社会、学习型大国。形成全民学习、终身学习的学习型社会，促进人的全面发展，这是关系到中华民族能否持续发展、能否实现民族复兴伟业的战略性问题。我们一定要把终身学习作为一种责任、一种爱好、一种健康的生活方式、一种贯穿人生旅程的必经途径，做到重学、好学、乐学。

学习是一个不断探索的过程，它不仅仅是获取知识的过程，更是培养智慧、塑造品格的过程。通过学习，我们不断拓宽视野，增长见识，提升自我修养，使自己变得更加全面、博学。同时，学习也可以增加生活的乐趣，让生活更加充实有意义。

当然，学习并不局限于课堂，也不局限于书本。社会就是一个"大课堂"。作为罪犯来说，首先需要做的就是培养良好的学习习惯，提高主动学习的能力。让自己成为一个持续进步的人。这种习惯和能力将伴随我们一生,让我们在人生的道路上走得更远。

网络探知

在当今快速发展的信息化时代,互联网已经深入我们的生活、学习和工作,成为获取知识和技能的重要途径。而如何有效地利用网络资源来获取知识和技能,已经成为一个备受关注的话题。

首先,利用搜索引擎获取知识。互联网上的搜索引擎是获取知识的最为常用的方式。用户只需要在搜索框中输入需要了解的话题、问题或关键词,即可获得大量的相关信息。在搜索引擎中,百度、谷歌、必应、搜狗等都是比较常用的,用户可根据自己的习惯和学习需求选择使用。

要想有效地利用网络资源来获取知识,我们需要对搜索能力进行训练。第一,需要明确搜索的目的和关键词,这样能够减少无效的搜索结果。第二,对于一些广告或无用的链接,需要进行有效的过滤和筛选,避免浪费自己的时间、精力和金钱。第三,要综合考虑多个来源的信息,结合自己的实际需求进行有针对性地学习和思考。

其次,参与网上教育和课程。除了搜索引擎,网络上还有很多学习平台和教育机构,例如,MOOC 平台、Coursera、edX、Khan Academy 等。这些平台提供了丰富的学习资源,包括在线课程、视频、讲座、教材等。并且,多数课程都是免费的,用户可以选择自己感兴趣的领域、专业或课程进行学习。

在参与网上教育和课程时,要注意以下几点:第一,根据自己的需求和能力选择适合自己的课程。第二,在课程学习的基础上加强实践运用。第三，通过在线社群增进学习交流和讨论分享。第四，及时反馈和总结学习成果，反思自己的不足。

最后，利用社交网络平台。社交网络平台是人们进行沟通、交流和分享的重要渠道，也是获取知识的重要途径。在社交网络上，可以关注行业"大牛"和优秀的学习者，了解行业动态和发展趋势。同时，还可以分享自己的学习经验和心得体会，与其他学习者进行良性的互动和交流，提高自身的学习成效。

在利用社交网络平台时，要注意以下几点：第一，建立自己的社交网络平台，提升自己的影响力和知名度。第二，汲取行业"大牛"和优秀学习者的见解、经验和建议，提高自己的思考力和判断力。第三，积极参与行业专题研讨，深入了解相关领域的发展趋势和最新动向。第四，根据自己的专长和需求，制订个人学习和成长计划，提高自己参与社交网络平台学习的针对性和实效性。

总之，如何利用网络资源来获取知识和技能，是一个需要长期思考和实践的问题。除了常见的搜索引擎、在线教育和学习平台外，社交网络平台、在线工具应用等也是很好的选择。而要想真正地有效利用网络资源，还需要不断提高自己的学习能力和自我管理能力，不断探索和尝试新的学习方法和工具，不断完善自己的学习经验和知识储备。

思考题

1. 请结合自身实际情况，确定一个学习目标并制订一份计划。
2. 谈谈你对终身学习的认识。

第三节　休闲逸致

> 采菊东篱下，悠然见南山。
> ——陶渊明

当代文学家林语堂曾说过，休闲生活是一种宽怀心理的产物，这种心情由一种达观的意识产生。享受休闲生活是不需要金钱的，有钱的人也不一定能真正领略休闲生活的乐趣，他必须拥有丰富的心灵世界，热爱俭朴的生活，对生财之道不以为意。

休闲生活如同生命中一个绿色的后花园。在充满较量的人生舞台上，每一个人都有疲惫的时候，总要找一个休憩的地方，品一杯清茶，听一支小曲，享受轻松惬意和生命中原本的精彩与快乐。

【名人故事】

相传东晋大诗人陶渊明在辞官归隐后，深居山林，过着田园生活。日出而作，日落而归，耕田地、种菊花，以飞鸟为伴，以登高吟诗为乐，悠然自得。闲情逸致，与世无争，在闲暇中沉思人生，在宁静中抚慰心灵。他用一种简朴的方式演绎着他的人生——简化生活、回归自然。

如果一生满载着人为的忧虑和忙不完的琐事，却不能采撷生命的鲜果，那将是一件多么可悲的事情呀！因此，无论你的生活处于什么样的状态，都要学会给自己放个假，让心灵得以片刻的休息。

中国古人对休闲就很讲究，并赋予其浓厚的文化内涵，形成了独具一格的中国传统休闲文化。收藏字画、篆刻临帖、弈棋鼓琴、栽花养鱼等都是传统的休闲方式。北京作为一个传统与现代高度融合的大都市，休闲文化也将在保留古香古色的基础上融入许多现代元素，变得更加丰富多彩。人们可以根据自己的兴趣、爱好，选择适当的休闲方式，让自己在紧张的工作之余体会到身心的愉悦。

文化熏陶

老北京民俗文化至为珍贵，既有历史的价值，又有现实的价值。由于北京的政治中心、文化中心地位，它对全国的文化发展必然产生辐射性的影响。人们逐渐认识到，以皇城为背景形成的内涵丰富、博大精深的老北京民俗文化，不只是宝贵的精神财富，还能产生巨大的物质财富。

北京的四合院

北京四合院是由东、西、南、北四面房子围合起来形成的内院式住宅。北京四合院作为老北京人世代居住的主要建筑形式，驰名中外，世人皆知。它蕴含着深刻的文化内涵。它的历史十分悠久，自元代正式建都北京，大规模地规划建设都城时起，四合院就与北京的宫殿、衙署、街区、坊巷和胡同同时出现了。它的院落宽绰疏朗，四面房屋各自独立，又有游廊连接彼此，起居十分方便；封闭式的住宅使四合院具有很强的私密性，关起门来自成天地。院内，四面房门都开向院落，一家人和美相亲，其乐融融；宽敞的院落中还可植树栽花、饲鸟养鱼、叠石迭景，居住者尽享大自然的美好。此外，四合院的装修、雕饰、彩绘也处处体现着民俗民风和传统文化，表现出人们对幸福、美好、富裕、吉祥的追求，风雅备至，充满浓郁的文化气息，犹如一座中

国传统文化的殿堂。

北京的胡同

"胡同"一词的本义为蒙古语"水井",其最初的发音为"忽洞"。因为城镇居民生存离不开水井,所以有人居住的地方就必有水井,于是"井"便成为人们居住地的代称。蒙古人建立元朝后,也将此语带入中原,于是人们将"忽洞"逐步谐音为"胡同"。乍一看,北京的胡同都是灰墙灰瓦,一个模样。其实不然,只要你肯下点功夫,串上几条胡同,再和那里的老住户聊上一阵子,就会发现,每条胡同都有个说法,都有自己的故事,都有着传奇般的经历,里面的趣闻掌故多着呢。

北京的京剧

京剧常被称为"综合戏剧",因为京剧的创作完美地糅合了舞蹈、歌曲、话剧、默剧、武术及诗词的艺术精品。京剧是地地道道的中国国粹,因形成于北京而得名,京剧已有近200年的历史。它有优美、独特的唱腔和舞蹈,并融入了中国武术的技艺。但它的源头还要追溯到几种古老的地方戏剧。它的前身为徽调,通

称皮黄戏。京剧用京胡、二胡、月琴、三弦、笛、唢呐及鼓、锣、铙钹等乐器伴奏。演唱讲究，行腔吐字、念白具有音乐性。角色根据男、女、老、少、俊、丑、正、邪，分为生、旦、净、末、丑五大行当。特别是象征性格和命运的脸谱，它是京剧的一大特色。红脸含有褒义，代表忠勇；黑脸为中性，代表猛智；蓝脸和绿脸也为中性，代表草莽英雄；黄脸和白脸含贬义，代表凶诈；金脸和银脸是神秘，代表神妖。神奇的脸谱、艳丽辉煌的服装、头饰，本身就是珍贵的艺术品。

北京的相声

相声是一种民间说唱曲艺，它以说、学、逗、唱为形式，突出其特点。相声艺术源于华北，流行于京津冀，普及于全国及海内外，始于明清，盛于当代。它是由宋代的"像生"演变而来的。到了晚清，相声就形成了现代的特色和风格。北京的相声发源地是北京天桥。相声主要用北京话讲，各地也有以当地方言说的方言相声。在相声形成过程中，它广泛吸取口技、说书等艺术之长，寓庄于谐，以讽刺笑料表现真善美，以引人发笑为艺术特点。"说"是叙说笑话和打灯谜、绕口令等；"学"是模仿各种鸟兽叫声、叫卖声、唱腔和各种人物风貌、语言等；"逗"是互相抓哏逗笑；"唱"是相声的本工，唱是指太平歌词。

北京的茶馆

北京的茶馆久负盛名，被视为老北京民俗文化的典型代表。现代的北京茶馆往往集饮茶、饮食、娱乐和社会交往于一体。也许北京人喜爱热闹的习惯造就了北京茶馆特有的风格。在这里，你可以约上三五个朋友，一起喝茶、听戏、聊天。一杯热茶、一碟花生、一帮朋友，尽享人生之乐。在"书茶馆"听书要花费"书钱"，书钱的花法也颇有讲究，听书前得自己花心思去了解。京郊有一些桌椅茶具较为简陋的茶馆被称为"野茶馆"，这里没有"龙井""毛尖"之类的好茶，却自有一番淳郁醉人的乡野情趣。如果野外郊游时偶然遇到，很值得一去；还有一种茶馆叫"茶酒馆"，这里不仅卖茶，还卖酒，不过与酒店比起来，规模就小得多了，只有花生米、酱牛肉等小菜，凡是来茶酒馆喝酒的，自然是"醉翁之意不在酒"，只是为与朋友聊天或是消遣时光。

北京的庙会

北京庙会是中国传统民俗文化活动。庙会又称庙市或节场，是一种集吃喝玩乐于一体的民间性娱乐活动。由于起源于寺庙周围，所以叫"庙"；又由于小商小贩们看到烧香拜佛者多，就在庙外摆起了各式小摊，渐渐地成为定期的活动，所以叫"会"。庙会多在春节举办，各种各样的民间艺术表演、丰富的京味小吃和民间工艺品是最吸引人的地方。北京最具文化特色的庙会有地坛庙会、龙潭庙会、白云观庙会和大观园庙会等。现在的庙会还有许多不同于旧庙会的地方。吃，京味小吃依然保留，同时增加了各地小吃；人，以前是老人带着孩子来逛庙会，现在逛庙会成了年轻人游玩的时尚；演出，以前表演的都是北京花会，形式比较单一，现在全国各地的节目齐聚北京庙会，表演丰富多彩。在节日里，人们会以庙会为中心，朋友相聚、全家同游、同事相随，增进感情。

另外，北京老字号具有独特的传统文化特色，远近闻名、经久不衰，其字号本身就是宝贵的无形资产，主要集中于工商业、手工业、饮食业、民间艺术及文化艺术领域。特别是在民间艺术领域，且不说北京近现代蜚声海内外的传统民间艺术"四大名旦"：玉雕、牙雕、景泰蓝、雕漆，也不说经提炼精华而具有代表性的"燕京八绝"：玉雕、牙雕、雕漆、景泰蓝、金漆镶嵌、花丝镶嵌、宫毯、京绣等民间艺术瑰宝。单单走进北京庙会，则不难发现"鬃人、吹糖人、画糖人、毛猴、塑糖人、兔爷、绢人、剪纸、彩蛋、风筝、面塑、拨浪鼓"等，这些凸显大众生活的民间艺术品，让人仿佛看到了原汁原味的老北京民间文化的影子。

放松身心

其实，在我们的实际生活中，忙碌之余应该懂得调适自我，适当的放松和休闲可以让我们有更加充沛的体力和心力去面对生活。

陪陪家人

一周忙于工作，假日里一定抽出一些时间陪陪家人。如果天气晴好，可以和家人一道逛逛街、游游园，或是去看一场电影。即使在家里，和家人聊聊天，也是十分必要的。当然，如果父母健在，一定不要

忘记常去看看老人。

约约朋友

真正的朋友，都是懂我们的人。有些话不能和同事说，不能和家人说，但能和朋友说。假日里约三五好友，或打打球、钓钓鱼，或喝喝茶、撸撸串，可以胡侃一番，也可以什么都不说。有朋友在，还能有什么烦恼呢？

做做公益

假日里如果有做公益的机会，可以根据自己的实际情况参加。生活中，我们一定不要放弃任何一次做好事的机会，哪怕是极小的好事，都会给我们的生命增添一丝光彩，让我们的人生多一点价值。做做公益，有益于社会，有益于他人，也有益于自我。

适当运动

比如，冥想，一种很好的放松方法。只需 5 分钟，就可暂时忘记工作，让自己进入一种全新的世界。再如，散步，短短几分钟的散步就有明显的消除紧张的效果。不妨每天抽出半小时，找个公园或街心花园漫步。当你放慢了平时紧张的脚步时，你会突然发现原来周围的景色如此美丽，你的心也会随之安静下来。或者选择一些稍微剧烈的体育运动，打球、游泳、跑步等，也是很好的减压办法。

拥抱自然

周末或者假期，可以与家人和朋友到郊外或风景区去欣赏大自然的鬼斧神工。尤其是森林茂密的地区，负氧离子比城里多好几倍，是天然的"氧吧"。到大自然中呼吸新鲜的氧气，效果比城里的"氧吧"要好得多。

当然，在选择放松或休闲方式时，一定要记住"健康的情趣"和"不良的嗜好"是互为消长的，多一些正向的积极行为，酗酒、赌博、斗殴等不良行为甚至违法行为就会减少。因此，培养健康的兴趣爱好、养成良好的行为习惯、选择适当的休闲方式，就会增加生活的幸福感。

修养心性

修养心性，保持平和的心态，不要让自己陷入无谓的精神内耗。正所谓，言未出，结局已内心演练千万遍；身未动，心中已经历了千万重山；行未果，假象苦难百思难以释怀；事已毕，过往仍在脑中千回百转。这样的内耗会让我们变得焦虑和浮躁，无法更好地善待自己、从容生活。

学会情绪管理

我们要学会情绪管理，尽量保持自己情绪内核的稳定。一个人如果连自己的情绪都掌控不了，即使给你再大的舞台，你迟早也会失去它，甚至会毁了它。人一旦掌控不了自己的情绪，慢慢就会被情绪所奴役，成为情绪不稳定、容易出问题的人。

学会认清自己

只有认清自己的位置，才能避免骄傲和狂妄，降低出错的风险，踏实稳步地向前行进。凡事尽力而为，更要量力而行，认清自己的能力，才能从容不迫地生活。只有真正地看清自己，才能准确地给自己找准定位，掌控好前进的方向。

学会看清现实

正如三毛所说："不要记恨说你的人，因为这正是用他的方式，帮你认清现实。"生活本身就是一个不断撞头、不断清醒，然后最终突破的过程。在这个过程中，你要学会认清现实，成就你更完美的人生。世上根本没有捷径，通向成功的路都需要翻山越岭。你要知道所有能让你变好的抉择，过程一般都不会太舒适。脚踏实地努力前行，这才是实现梦想最近的路。

学会舍与得

人生就是一个不断得到和失去的过程，我们总是要舍弃一些东西，这样才能得到另外一些东西。人生的旅途中，只有学会放下，才能拥有的更多，只有懂得舍去，才能得到更美好的东西。懂得取舍是一个人最大的清醒与成熟。人生道路上本身就有太多的不如意，需要我们学会成长，停止精神内耗，与自己和解，允许一切事情的发生，自己活得自由和舒适就好，其他一切都是浮云。

思考题

1. 生活中你一般都有哪些休闲方式？举例谈谈这种方式给你带来的哪些好处。
2. 说一说你眼中的北京。

第四节　体悟健康

> 健康是身体的力量，是心灵的食粮。
> ——托尔斯泰

运动起来

生命在于运动。随着生活节奏的加快，生活压力的增大，我们需要一种途径释放压力，给健康加油。同时，养成运动健身的好习惯是摆脱抽烟、喝酒、赌博等坏习惯的最好途径。刑释人员在出狱后要养成科学合理的运动习惯，在运动中收获快乐和健康。这既是对自己负责，也是对亲人的一种责任。

运动可以改善形体。这是运动最基本的功能，即通过对身体整体或部分的锻炼，保持关节良好功能，改善体形，平衡肌肉（肌力），改善身体姿态，提升体能水平及运动表现。

合理的运动可以使人体的肌肉、骨骼、呼吸系统、血液循环系统、内分泌系统等各组织器官得到刺激和锻炼，加快血液循环，促进体内毒素排放，改善健康状况。经常运动的人之所以不容易衰老，是因为运动可以使人体的激素分泌处于一个较高的水平，进而起到延缓衰老的作用。每天坚持运动，还可以增强皮肤的弹性，使人保持充沛的体力，由内而外焕发一种热情和活力。

运动可以让人远离不良的生活习惯，保持心情舒畅、精力充沛。良好的精神状态和生活习惯是工作和学习的重要保障。不经常运动的人常常感到疲倦、乏力，无法振作精神，而养成运动习惯的人则走路有劲，满面红光，这都得益于运动所产生的充沛精力。另外，运动后的精神亢奋和压力的释放可以替代吸烟者从香烟中获得的类似感觉，并帮助那些想戒烟的人减轻烟瘾。

运动健身是最佳的生活方式，不论是对日常生活还是对工作学习，都有非常大的帮助。它不仅可以使人增加自信、热爱生活、保持身材，还能保持健康、磨炼意志、提升品质。然而，运动有益于身体健康是建立在科学合理的运动基础上的，如果在运动过程中走入误区，养成了一些不科学的习惯，不仅会使运动的效果大打折扣，甚至还有可能损害身体健康。

适合自己的才是最好的，选择适合自己的运动健身方法至关重要。

【延伸阅读】

孩子运动要累点

5—17岁的儿童和青少年，每天至少进行60分钟中等强度到高强度的身体活动。这个阶段正是孩子身体各部分生长、发育的关键阶段。高强度的运动，可以刺激各器官均衡发展，有利于肌肉骨骼组织等生长发育。这样来讲，走路对大多数孩子来说不算运动，而强度大一点、累一点，如无氧运动、短跑等都是比较好的选择。

成人运动要久点

18—64岁成年人，每周至少进行150分钟中等强度的有氧活动，同时每周至少有2天进行强活动。大多数成年人，由于事务繁忙，就很少运动。相比青少年，成年人的运动强度下来了，但运动时间延长了，并且以有氧运动为主，更强调运动的持久性。因此，对于成年人来说，要利用好时间，平时能动就动。比如以步行、慢跑、骑车代替坐车上下班，午休时进行10分钟快走或爬楼梯等，也可以在室内放上诸如拉力器、呼啦圈、跳绳、毽子等健身器材，见缝插针，随时运动。

老人运动要稳点

对于65岁以上的老年人，因其运动系统与神经系统功能衰退，肌肉老化。有时眼睛获取的某种信息，无法正常迅速地传递给大脑，使大脑不能正常指挥自己的身体运动，手眼协调出现偏差而导致摔跤。因此，对老年人来说，应增强这方面的锻炼，尤其是下肢的运动，如倒行、蹲起、慢跑等。

规律作息

每天按照合理的时间规划进行作业和休息，保持良好的作息习惯，即为有规律的作息。当我们能够养成规律作息的习惯时，它会对我们的身心健康、学习工作效率、生活质量以及人际关系等方面带来积极的影响。

规律作息对我们的身心健康具有积极的促进作用。养成规律作息的习惯，能够帮助我们维持良好的生理节奏。人的身体有着自己的生理时钟，当我们按照规律的时间进行起床、进食、工作和休息等活动时，我们的身体能够更好地适应和调整，并保持健康的状态。

规律作息可以提高我们的学习和工作效率，促进个人的成长和发展。规律的作息时间能够让我们在工作和学习中更具有时间预期性，更能够准确地安排任务和计划，避免因拖延而导致的时间浪费。规律的作息习惯还有助于培养良好的时间管理能力和自律性，让我们能够更好地分配时间和资源，更高效地完成任务。

规律作息有助于提高生活的质量和满意度。当我们养成有规律的作息习惯时，就能够合理安排时间和活动，充分利用每一天的时间。正常的睡眠和充足的休息能够让我们精力充沛，更好地投入生活中的各个方面。规律的作息时间还可以让我们更好地安排自己的娱乐和休闲活动，享受生活的乐趣，提高生活的品质。

此外，规律作息有助于改善和维护我们的人际关系，让我们与他人之间更加和谐与亲密。当我们养成规律作息的习惯时，我们能够更好地安排时间与他人相处，并保持良好的精神状态。规律的作息时间能够提高我们的心理稳定性和耐心，使我们在与他人交流和相处时更加温和友善。规律作息还能够让我们有足够的体力和精力去关心和照顾他人，维持良好的人际关系。

规律作息对人的影响是多方面的。为了养成规律作息的习惯，我们需要合理安排时间，养成早睡早起、定时进食、适度运动等良好的作息习惯。我们还应该培养良好的时间管理能力和自律性，以保持规律作息的习惯。我们只有保持规律的作息时间，才能够在人生的各个方面获得更好的发展和成就。

培养习惯

作家斯蒂芬在《微习惯》一书中这样定义"微习惯"：微习惯就是你强迫自己每天做的微不足道的积极行为。生活中那些不起眼的小习惯，其实是拉开人与人之间差距的非常重要的方式。

想要变得优秀，不是单靠口号而已，要靠日复一日的微小习惯的积累，来慢慢成就自己。

这里分享 20 个微习惯，让我们的身心得到更好的发展，收获更好的自己。

①早睡早起，起床喝一杯温水清理肠胃。

②每天坚持做 30 个深蹲或慢跑 30 分钟，让疾病远离你。

③不喝碳酸饮料、不喝奶茶、少吃甜食，多吃水果蔬菜，每天的肉蛋奶必不可少。

④为自己制订读书计划，并定时定量地完成。

⑤遇见熟人要打招呼，多说谢谢、不客气等礼貌用语，这会让你的亲和力增强。

⑥学会控制情绪，对人对事都不要太情绪化，要让理性战胜感性。

⑦不说人长短，不道人是非，与其花时间聊八卦，不如用来提升自己。

⑧能理解他人的不易，能接受他人的不完美，用包容的心看待这个世界。

⑨常常与同事们分享美食，分享好书、好的电影，这样你就会与他人找到更多的共同话题，人缘会越来越好。

⑩无论是工作中的难题，还是生活中的鸡毛蒜皮，都要学会泰然处之，少些抱怨，多动用自己的智慧，想办法解决。

⑪自己生活上的不顺和苦难不要随便与人诉说，没人喜欢听你的负能量，况且他也帮不到你，真正帮助自己走出困境的，只有自己。

⑫与人说话不要太过，给对方和自己都留一些余地和空间。

⑬工作再忙也要好好吃饭、好好睡觉。

⑭精简生活，不必要的东西不买，不让消费主义绑架自己。

⑮减少无效社交，学会用独处的时间读书学习。

⑯每天认真洗脸、适当护肤，保持外表的干爽，内外双修才能精神百倍。

⑰久坐后一定要站起来活动一下，防止过度疲劳。

⑱要学会倾听，当别人说话时不要打断别人的话。

⑲多赞美他人，当你赞美他人的时候，自己内心也充满阳光。

⑳心情烦闷的时候，可以试着去搞搞大扫除，你会发现，你不仅收获一个干净的家，还会让你转移注意力，心情变得清爽起来。

【延伸阅读】

近年来，北京市监狱管理局持续深入推进改造项目的孵化工作，围绕微习惯这一积极行为的养成策略，借鉴西方标准化操作的思路，对周士渊教授的《习惯学》进行了物化改造，设计了架构、配置了流程，并研发了实操标准技术，最终形成了标准化的《微习惯民警操作手册》。同时，还设计制作了《微习惯罪犯学习手册》，实现了"微习惯

+"改造项目操作的科学化、规范化和标准化。

"微习惯+"改造项目训练周期为2个月，以每周2个微习惯的数量递增，通过每日实践，促进罪犯自觉养成"做俯卧撑、天天诵读、日行一善、爱整洁、记日记、每天练一页字、每天读书十分钟、每日一问、记成长档案、赞美他人、不说脏话、微笑打招呼"等12个良好行为习惯。两个月周期期满后，经过民警考核和罪犯自评，12个好习惯已经树立起来，随机转入新的一个周期。每个罪犯结合自己的犯因问题或者不好的习惯，分别制定好的习惯培养替代计划，逐渐增加好的新习惯，不断替代坏的习惯。在民警的现场监督下，罪犯每天开展1小时微习惯训练，完成微习惯"日打卡"并向民警报告自己的"一日收获"。从行为到心理，逐步深入，由塑"行"到树"心"，习惯成自然，逐步矫正罪犯不良恶习。

通过"微习惯+"改造项目训练，罪犯的察觉能力、学习能力、交往能力和自控能力均得到了有效提升。

思考题

1. 谈一谈你喜欢的运动方式。
2. 结合自身的生活实际，制定一份自己专属的作息表。

第五节　走进山水

> 乘风好去，长空万里，直下看山河。
> ——辛弃疾

旅游乐趣

　　随着生活水平的不断提高，越来越多的人走出家门，近距离地接触大自然的美景，在行走中寻找生活的乐趣。

　　旅游可以让人暂时摆脱生活的琐碎，到一个全新、陌生的地方，感受自然的风光、山水的秀美、植物的多姿……身心得到放松，压力得到缓解，情绪得到释放……在浏览风景的同时，体验民风民俗，品味地道美食也是旅游中不可或缺的。

　　当然，旅游本身也是一种运动健身的方式。在青山绿水之间，呼吸新鲜自然的空气，登山或攀岩，游泳或划船，身体都能得到充分的舒展与锻炼。

　　在旅行中，我们还可以了解到各地的气候、动植物、风土人情、历史典故等，开阔视野、增长知识、陶冶情操。

　　对于许久未能陪伴家人的人来说，旅行可以增进彼此之间的情感交流，分享快乐、相互扶持、携手前行，在陪伴之中体悟浓浓的爱意或者修复渐冷的关系,感受家给彼此带来的温暖和感动。

如果在旅行中结识了新的朋友,也会让我们收获一份特别的友谊。

旅游方式

随着社会的发展,旅游的方式也变得更加丰富、更加个性化。

例如,参团旅游。只要交纳一定的费用便可参团,费用涵盖了往返的交通费和景点门票费,还包括餐饮住宿等。参团旅游时,由于团中人员较多,基于方便管理和成本等因素的考虑,每到一处景点,往往由导游进行讲解,然后留给游客一定的自由活动时间,用来照相和购物等,行程安排非常紧凑,节奏较快,需要参团者的绝对配合以保证整体一致,约束较多,但效率也较高。

再如,自助游。这种旅游方式的最大优势在于可以自主安排时间和费用,旅游方案具有弹性,也可以随时根据需要进行调整。选择自助游一般应有较为充沛的时间,并且在出行前应做好充分的准备,对所去之地有一个全面的了解,制订详细的出行计划。如果选择自助游,要做的准备工作较多,且旅行过程中的餐饮、住宿、门票等问题都要自己操心,在这一点上参团旅游便显得更为便捷。自驾行就是一种典型的自助游。

还有,半自助游。这种旅游方式是对参团旅游的一种改进,相比自助游又多了一些旅行社参与的环节。旅游者可以不用规划自己往返于不同景点之间的交通和住宿,只需计划好到不同旅游地点后的游览项目,交通和住宿由当地旅行社或其他旅行机构办理。这样,旅行者就节省了找饭店、旅店和购买往返车票、飞机票的时间,同时又可以自由选择旅行路线和时间。

注意事项

旅游是一项令人愉悦的活动,但在旅游过程中也需要注意一些事项。

例如，做好旅行计划，以帮助自己了解目的地的情况，选择合适的时间、方式和路线，避免遇到意想不到的麻烦或危险。

再如，保管好个人财物，防止重要证件或贵重物品丢失或被盗。

另外，随身携带常用药品，可以应对突发的身体不适或受伤，减少疼痛或感染的风险。当然，条件允许的情况下应及时到当地医院就诊。

注意饮食卫生也是非常重要的，可以防止因吃了不合适或不干净的食物而引起肠胃不适、食物中毒或过敏等症状，影响身体和心情。

还有，一定要遵守当地的法律法规，避免因无意或有意触犯当地的法律而被罚款、拘留或起诉等。

同时，要尊重当地的文化习俗，避免因为无知或不敬而冒犯当地的人民或宗教信仰，引起他们的反感、敌意或报复等。

特别需要注意的是，旅行中应保持低调谨慎，避免因过于奢华或显眼而吸引不良分子的注意，成为他们的目标，造成人身或财产的损失。同时，尽量不要跟当地人起冲突，控制好自己的情绪，如遇到问题尽量交给警察处理。

在外旅游时还要多注意交通安全、防火防盗、自然灾害等，如果在外遇到任何紧急情况，请及时拨打报警或求助电话，以保证得到及时的处置。

人与自然

"大自然是人类赖以生存发展的基本条件。尊重自然、顺应自然、保护自然，是全面建设社会主义现代化国家的内在要求。"党的十八大以来，我国把生态文明建设作为关系中华民族永续发展的根本大计，开展一系列开创性工作，生态文明建设从理论到实践都发生了历史性、转折性、全局性变化。从蓝天、碧水、净土保卫战取得显著成效，到中国海洋塑料废弃物治理新模式"蓝色循环"等荣获联合国"地球卫士奖"。这一系列建设人与自然和谐共生的现代化中国经验、中国智慧赢得了全世界的赞誉。

促进人与自然和谐共生是中国式现代化的本质要求之一。在领略自然风光的同时,我们一定不能忘记"绿水青山就是金山银山"。对自然的尊重、保护和爱惜会让我们受益无穷。

在我们生活的这方热土上,不仅有着悠久的历史和灿烂的文化,更有闻名于世的山水风光。长江、黄河、黄山、张家界、九寨沟、桂林山水等壮丽的山峦、秀美的河流,构成了一幅幅如梦如幻的画卷……中华大地的美景实在美不胜收,等待着你去一一探索,在领略大自然的馈赠中感受祖国母亲的壮美。

思考题

1. 谈一谈你向往的自然风光以及人和自然的关系。
2. 结合自身实际,制订一份旅游或出行计划。

推荐书目

1.《习惯学》,周士渊,清华大学出版社2018年版。
2.《小王子》,圣埃克苏佩里著,尹建莉译,新蕾出版社2015年版。

推荐电影

《午夜巴黎》(2011年),伍迪·艾伦执导。

第八篇 自我警醒

每个人都会犯错，但是，只有愚人才会知过不改、执迷不悟。每一天都是新的开始，不要让过去的错误影响你的现在和将来。面对困难与挫折，只要你肯相信自己，不断努力付出，重新开启你的人生，就一定可以战胜困难、克服挫折。

【阅读提示】

1. 深入思考违法犯罪的危害与后果，警示自己远离犯罪。
2. 警惕各类诈骗等违法行为，防止陷入重新犯罪泥潭。
3. 重新出发，做一个遵纪守法的合格公民。

第一节　敬畏法律，遵守道德

子曰："道之以政，齐之以刑，民免而无耻；道之以德，齐之以礼，有耻且格。"〔1〕

——《论语·为政》

法安天下，德润人心

道德是我们内心的行为准则，法律是我们生活工作的行为规范。道德是标准，法律是底线。社会生活中，每个人的行为都会受到法律和道德的约束与监督。一般说来，凡是法律所禁止和制裁的行为，也是道德所谴责的；凡是法律所要求和鼓励的行为，也是道德所倡导的。一个合格的公民应该是弘扬道德、遵守法律的人。

【案例链接】

张某是一名刑满释放人员。他某天在网上看到了一则兼职广告，声称只需要提供银行卡账户信息，就能轻松赚取高额回报。张某心动了，便按照广告上的指示操作，提供了自己的银行卡账户。不久后，张某的账户上突然收到了一笔巨额汇款，随后有人联系他，要求他将这笔钱转移到另一个账户。张某虽然觉得有些不对劲，但是想到高额的回报，还是照做了。后来张某被警方逮捕，因为他涉嫌一起洗钱案件。原来，他提供的账户被犯罪分子用来转移非法所得。张某虽然声

---

〔1〕孔子说："用政令来治理百姓，用刑法来整顿他们，老百姓只求能免于犯罪受惩罚，却没有廉耻之心；用道德引导百姓，用礼制去同化他们，百姓不仅会有羞耻之心，而且有归服之心。"

称自己不知情，但他的行为已经构成了帮助信息网络犯罪活动罪，最终被判处有期徒刑。

帮助信息网络犯罪活动罪，在实践中常被简称为帮信罪，指自然人或者单位明知他人利用信息网络实施犯罪，仍为其犯罪提供互联网接入、服务器托管、网络存储、通信传输等技术支持，或者提供广告推广、支付结算等帮助，情节严重的行为。

【案例链接】

一位大学生在超市购物自助结账时，故意漏扫部分商品，被超市查获。经警方调查核实，该学生共有 7 次类似行为，实际未结金额 300 余元，涉嫌多次盗窃，被刑事立案处理。

目前，大型超市大多启用自助结账服务，这种方式缺少人员监督，盗窃行为屡有发生。王某在自助结账时，企图蒙混过关，只将部分商品进行扫码结账。后被超市工作人员发现，经调查核实，王某并非初犯，此前曾有过 5 次类似行为。最终王某因涉嫌盗窃罪被刑事拘留。陈某使用自助结账时，表面上都进行了扫码，但实际上部分虚晃并未扫码，经调查核实陈某用同样方法盗窃 8 次。最终，陈某因盗窃罪被判处有期徒刑 8 个月。

首先，看似无人看管的自助结账，商品如果被漏扫，必然造成账面异常，引发超市核查发现。其次，超市核查存在滞后性，当再次被查获时，可能已经达到了刑事案件的立案标准。犯罪嫌疑人多数是贪小便宜、心存侥幸。但是，多次实施同样行为，就有可能构成犯罪，被追究刑事责任。根据相关法律的规定[1]，2年内盗窃3次以上的应当认定为"多次盗窃"。这意味着，在2年内故意在超市漏扫3次以上即可构成盗窃罪，即使每次漏扫的金额不高，但如果频繁实施，也会被视为违法行为。上述案例中的大学生，第一次漏扫确实是因为一件商品无意中没有扫上，回家后发现没有扫也没被超市发现。此后，出于侥幸心理多次故意漏扫。一旦构成犯罪，将给个人学业和未来就业带来严重的后果，因一时贪念和侥幸断送了大好前程，付出了沉重代价。

相信如果他们知道行为的危害后果是断然不会那么做的。有些人由于法律观念淡薄，甚至犯了法还浑然不觉，结果稀里糊涂地就进了监狱。为了以后避免此类事件的发生，刑释人员一定要时刻坚定法律意识，尊重他人的财产权，不抱有侥幸心理，做事情之前一定要先想一想，避免因小失大，触犯法律底线。在面对诱惑时，应坚持道德自律，不为一时之利而损害他人利益，道德自律是维护社会公序良俗的重要力量。

时刻提醒，警钟长鸣

经过一次刻骨铭心的服刑经历，在民警的帮助和教育下，大多数罪犯都了解和掌握了一定的法律知识；通过传统文化教育在一定程度上弥补与完善了缺失的道德观念。然而，也有极少数刑释人员依然藐视法律，践踏道德，公然铤而走险，再次以身试法，身陷囹圄。

【案例链接】

王某某17岁时因抢劫罪被判有期徒刑9年。出狱后，他并没有汲取教训，反而认为社会待他不公，于是他纠集了一帮服刑期间认识的"朋友"，买枪、绑架、杀人，疯狂作案，最终王某某被判处了死刑。

---

[1] 参见最高人民法院、最高人民检察院《关于办理盗窃刑事案件适用法律若干问题的解释》第3条第1款。

王某某等人有着扭曲的人生观和价值观。第一次服刑中,他并没有深入反思、深挖犯罪根源,反而仇视社会,一次次铤而走险、践踏法律,最终付出了生命的代价。

知错能改,善莫大焉。罪犯一定要从过去的阴影中走出来。以法为镜、敬畏法律、远离犯罪、克服侥幸、不断地在道德及法律面前审视自己、明辨是非,才能在社会化的路上走得更稳更远。

思考题

想一想,你可能会遇到什么样的诱惑?该如何控制住自己?

第二节　大处着眼，小处着手

> 合抱之木，生于毫末；九层之台，起于累土；千里之行，始于足下。
>
> ——《道德经》

置身当下竞争激烈的社会，人们获得成功或取得成绩，往往不是一蹴而就、一夜成名的，而是循序渐进、量质转换实现的。正如荀子《劝学》中所说的："不积跬步，无以至千里；不积小流，无以成江海。"尤其是刑释人员回归社会后，在描绘未来、憧憬新生活的时候，应当首先正视自身实际，审视生活定位，以低起点、近目标、易实现的原则，规划未来发展方向。

一些人在狱内下决心、谈计划、做打算，发誓出狱后要将几年服刑期间没赚的钱赚回来。然而，出狱后才发现，赚大钱这种事情并非他们所想的那样简单顺利。一方面，这些人以为自己会拥有致富赚钱的好机会，但其实这些机会随着原有的工作和社会地位的丧失而不复存在，并且还面临着学历低、就业机会少等各方面的现实问题；另一方面，他们缺乏准确的定位、科学的计划，以及合法的致富手段和途径。因此，这些人出狱后常常感到痛苦失望，少数刑释人员失去耐心和原来的决心，不惜铤而走险，以非法手段获取金钱和地位，再次陷入犯罪泥潭。为避免此类情况的发生，刑释人员要注意以下几个方面。

正确认识自己

【经典故事】

有一只自大的小蚂蚁，在它很小的时候，爸爸妈妈就被洪水冲走了，它与家中唯一幸存的老蚂蚁相依为命。老蚂蚁很宠爱小蚂蚁，对它可谓有求必应。在这样的环境中长大，小蚂蚁显得有些不知天高地厚。有一天，小蚂蚁对老蚂蚁说："我要独自闯荡，游遍世界！"老蚂蚁很不放心，但它无法阻拦充满雄心壮志的小蚂蚁，只得一遍又一遍地叮嘱它，独自在外要注意自己的言行，不能自傲和自大。小蚂蚁并没有把老蚂蚁的话放在心上，盲目的自傲和自大使它对自己过分地自信，在对外面的世界缺乏足够的认识和了解的情况下，踏上了闯荡之路。离开家后，小蚂蚁遇到了不少动物，有鸡和狼等。小蚂蚁趾高气扬地走着，它昂着头对母鸡说："喂，前面的那个东西，快给我闪开！要不然我让你尝尝我的拳头！"温顺的母鸡忙着照顾小宝宝，没有和它斤斤计较就走开了。但狼可不一样，当小蚂蚁走到它的面前挑衅时，狼一脚踩下去，小蚂蚁瞬间就一命呜呼了。

在自然界中，小蚂蚁被盲目的自大蒙蔽了双眼，既不能正确地认识自己，也不能正确地认识他人。它不懂得生存的法则，最终必然被自然界所淘汰。看似幼稚可笑的小蚂蚁，其实很可能就是人们自身某些方面的缩影。在社会中，不乏像小蚂蚁一样盲目自大的人。

避免好高骛远

认识自我是一件非常重要也非常困难的事。之所以困难是因为人在做出判断和评价时往往带有感情色彩，过多的主观因素往往会影响客观的评价。对他人如此，对自己更是如此。要想全面认识自我，不能简单而孤立地作出评价，而应当将自身置于现实的社会环境中进行客观的衡

量，从社会的主流价值观和需求出发，考察自身的优点和缺点。同时，对自身的评价可以和对身边的人的评价作比较，这种比较应该是客观的，不是将自己的优点同他人的缺点进行比较，也不是将自己的缺点同他人的优点进行比较，这样很容易造成心理失衡，要么将自己看得一无是处，要么将他人看得一无是处，这些都是不可取的。在全面认识自我时，可以尝试多与身边的亲人和朋友沟通，对于他们提出的中肯意见，要虚心接受；对于他们做出的评价，要认真对待，以真正实现对自我的正确认识。

【案例链接】

刑释人员高某，曾因敲诈勒索罪被判有期徒刑 4 年。入监初期，面临怀有身孕的未婚妻离家出走以及家人的冷漠，他觉得生活已经没有任何希望，非常消沉。在监狱民警的帮助下，高某逐渐调整心情，尤其是在监狱安排的亲情帮教中，争取到了未婚妻的原谅。之后高某积极改造，并在服刑期间学习了面点技术。高某出狱后，首先去看望了未婚妻和孩子，真诚表达了歉意，未婚妻原谅了他，并与他领证结婚。高某决定痛改前非，给妻子和孩子一个稳定的生活。他利用在监狱学习的面点技术，在镇上开了一家馒头包子铺，由于物美价廉服务好，每天来店铺买包子的人经常排成长龙，生意越来越好，规模越来越大，店里还请了好几个工人帮忙。高某在当地名气也大了，但刑释人员的身份没有办法改变，是他的一块心病。在经过深思熟虑之后，高某觉得既然没法改变，那就利用这个身份做点有意义的事情。于是，高某开始在镇上用自己的亲身经历进行法制宣传，从自己暗淡的过去，告诫身边的人不要像他那样误入歧途，而是要像现在的他那样积极、光明地开启人生崭新的篇章。

高某在获得一定的成功后，开始回馈社会，在他开的馒头包子铺里，招募了许多当地留守人员，带动了当地农民就业。同时积极靠拢政府，配合当地就业安置帮教部门，聘用多名刑释人员到自己的店铺工作。

回归社会之后，无论是再就业还是自己创业，都要脚踏实地，不能好高骛远。有一颗上进的心固然好,但如果太过,很有可能对自己的能力和现实中的困难没有正确的认识,从而产生自大心理,制定过高的目标。刑释人员要全面了解和正确认识它的危害,在此基础上,对自己做出合理的评价,从自身的特点和现实情况出发,以一颗平常心迎接未来的生活。

思考题

面对未来生活,你准备好了吗?

第三节　失之东隅，收之桑榆

> 祸兮福之所倚，福兮祸之所伏。
> ——《道德经》

重新出发

一失足成千古恨，再回头已百年身。诚然，若干年的服刑生活让大多数罪犯或多或少地失去监狱外丰富人生的机会，但是如果换一种角度来看，此番经历也未必不是一种人生的收获。当上帝给你关闭一扇门的时候，往往会给你留下一扇窗。我们总会有通向光明、走向成功的机会和道路。在此期间，罪犯可以静下心来深刻审视自己的错与对，反思罪与罚，体会得与失，重新开启人生的新航程。

【案例链接】

钱某因合同诈骗罪服刑10年。由于落差较大，入监初期钱某曾一度表现得非常孤僻、寡言，适应困难。在监狱民警的帮助下，经过一段时间的调整，钱某逐步认识到了自己的问题所在，也渐渐摆正了位置，放平了心态。思路一变天地宽，在接下来的服刑改造中，他没有拘囿于自己过去所犯罪错的阴影，而是切切实实把刑期当成了一次自己再学习、再深造的机会。他的业余时间几乎全部用在了读书、看报和与其他罪犯的专业交流中。服刑期间，他用4年的时间自考通过了企业管理、市场营销和国际外贸三个专业近30门课程。

出监后的钱某，怀揣着对新生的梦想和对美好生活的向往，在社会关怀和朋友的帮助下，选择了一条自主创业之路。钱某借助先前所学的专业知识，加上在服刑期间自学的编程知识和市场营销、企业管理等知识，作了一套详细的企业规划方案，注册成立了一家以VR技术为专攻方向的电子科技有限公司。创业初期非常艰难，钱某仍坚守底线，努力拼搏，每天起早贪黑地辛勤付出，和员工吃住在一起。终于，他的公司受到了某投资公司的青睐，获得了注资500万元。此后公司走上了快速发展的道路。

钱某成功了，成功后的他再次来到监狱做了一场现身说法。他向正在改造的罪犯传达自己在外面的创业信息，鼓励他们安心踏实改造，一定要充分利用在狱内的时间，结合自己的实际情况，认真规划好自己新生后的创业之路。他说，外面的世界很精彩，创业的道路很艰难，但是只要我们抱着必胜的信念，拿出服刑期间吃苦耐劳的劲头，沿着我们选准的路走下去，就一定会成功的。

钱某的经历让我们懂得了"失之东隅，收之桑榆"的道理。你失去了自由，但是你可以获得另外一样东西。塞翁失马，焉知非福。成绩的取得，无疑要有艰辛的付出。曾经犯了罪，给亲人带去了悲痛，给社会造成了危害，也让自己失去了很多，现在能做的就是将"损失"降到最低，不要再让亲人们为我们流泪，不要再次成为社会和家人的负担。记住：在哪里你都可以优秀！

善用心理补偿

【经典故事】

"篮球女孩"钱红艳，4岁那年遭遇了改变她一生的车祸，导致盆骨以下完全截肢。为了让她能够重新"站立"和行走，爷爷将旧篮球剪开一圈，套在她身体的下面，这个坚强的小女孩开始了借用篮球行走的生活。

2007年，钱红艳在观看一场残疾人运动会时，被运动员们在泳池中的表现所震撼，萌生了学习游泳的念头。幸运的是，她得到了教练张鸿鹄的接纳，开始了专业的游泳训练。尽管面临重重困难，但钱红艳凭借着顽强的毅力和刻苦的训练，逐渐在游泳领域崭露头角。2009年，钱红艳在云南省残运会上斩获了3枚金牌，并在随后的全国游泳锦标赛中再夺1金2银。此后，她不断向更高的目标发起挑战，在2016年里约残奥会上取得了女子100米蛙泳项目第9名。命运夺走了她的双腿，她没有屈服，而是张开双臂，浴火重生。即使面临巨大的逆境，只要有坚定的信念和不懈的努力，就能克服一切困难，实现自己的梦想。

贝多芬从小听觉有障碍，失聪后还克服困难写出了优美的《第九交响曲》。他的名言"人啊，你当自助！"也成为许多自强不息者的座右铭。心理补偿是一种使人转败为胜的机制，人们积极适应自己的环境，发现自己的优势和特长，并将这些优势和特长发挥到极致，如果运用得当，将有助于人生境界的拓展。刑释人员在今后的生活中，也可以像钱红艳那样善用补偿心理，相信只要肯吃苦，一样也可以通过自己勤劳的双手，打造一片属于自己的新天地。

但应注意两点：一是不可好高骛远，追求不可能实现的补偿目标；二是不要受赌气情绪的驱使。只有进行积极的心理补偿，才能激励自己达到更高的人生目标。在补偿心理的作用下，由于不完美而产生的自卑感具有使人前进的反弹力。由于自卑，人们会清楚甚至过分地意识到自己的不足，这就促使人们努力学习别人的长处，弥补自己的不足，从而使自己的性格受到磨砺，而坚强的性格正是走向成功的心理基础。其实，顺利也是另外一种平庸。人不怕有挫折，也不怕不完美，因为没有一帆风顺的人生，也没有完美的人。

思考题

这次的服刑经历给自己带来了什么？

第四节　损友易取，益友难得

> 交渊博友，如读名书；交风雅友，如读诗歌；交谨慎友，如读圣书；交滑稽友，如读传奇小说。
>
> ——邹韬

清圈净网，远离损友

隋朝著名教育家、思想家王通在其著作《文中子·中说·魏相》中写道："君子先择而后交，小人先交而后择。故君子寡尤，小人多怨。"大意是：品德高尚的君子交朋友，会懂得先慎重选择，然后再交往；而小人却不同，一见如故，显得异常亲热，然后才去选择自己所需要的人。故此，君子因为交到了益友，并向他们学习而极少会犯错；小人则是交到了一群狐朋狗友，臭味相投因而有了诸多仇怨。因此，我们要懂得，交朋友一定要审慎行之，切忌轻率；不相了解，骤以利交，难免受骗上当。

对于结交朋友，良友应该是首选，且要懂得先择后交，审慎交友，而在交友过程中还应当注意切勿滥交损友。孔子曰："益者三友，损者三友。友直，友谅，友多闻，益矣。友便辟，友善柔，友便佞，损矣。"确实，正直的人、诚信的人、见闻广博的人值得我们交往；而如果不慎结交了走邪道的人、阿谀奉承的人、花言巧语的人，这肯定是有害的。因此，交友应择善而从，对于那些不值得交往的损友，可谓是有不如无，一定要与他们保持距离。

在青少年犯罪案件中，有相当多的未成年人是因为交友不慎，为了所谓的哥们义气，盲目跟从，走上犯罪道路。真正的朋友使我们的生活更美好，但是我们要警惕一些有恶习的朋友，所谓"物以类聚，人以

群分"。诚然，助人为乐是为人所称赞的美德，但是面对包括朋友在内的求助，我们一定要擦亮眼睛，绝不能助纣为虐，不然最后只能是害人害己。在对一些青少年犯罪行为的调查中，不少孩子都有喜欢跟朋友吃吃喝喝的恶习。案发被捕后，在接受记者采访时他们都说，平时"大哥"或是某个朋友都经常请我们吃饭，也经常一起玩，当"大哥"或平时一起玩的某个朋友有事找你办事的时候，实在不好意思推托，只好跟着去了。就这样，为了朋友义气，很多人也跟着所谓的"大哥"或朋友进了监狱。

【案例链接】

　　刘某出生在农村普通家庭，因是家中独女，她自小备受宠爱。小学毕业后，为了让刘某接受更好的教育，父母将她送至县城读初中。自从见到更大的世界后，刘某的虚荣心开始作祟，攀比欲望膨胀，父母给的生活费已然不能支付日常开销，她经常在想如何才能赚更多的钱。

　　一次偶然的机会，刘某认识了社会人员李某，两人相谈甚欢。之后，李某时常约刘某吃饭，对她关心备至，不求回报，刘某将其视为好友。某天，李某让刘某帮个忙，利用她年轻貌美的优势在网络上与男性交友，并将其约至线下见面，答应给她好处费。刘某起初拒绝，此时卸下面具的李某说道："没钱怎么享受生活，你只需要把人约出来，其他事情和你没关系，就算被发现，你最多被批评教育一下，况且你还有一笔收入……"就这样，在李某的教唆诱导下，刘某先后3次在交友软件上以网恋名义诱导3名男性线下见面。在见面过程中，李某等人伺机而出，对被害人进行恐吓，抢掠钱财。被害人不服抵抗的，他们就用皮带、电棍等实施殴打。最终刘某犯抢劫罪，被判处有期徒刑6年2个月。

　　值得注意的是，在服刑期间，我们更要学会甄别，要保护好自己及家人的信息，不要轻易将联系方式等信息留给其他罪犯，避免上当受骗甚至遭受经济和其他损失。

【案例链接】

罪犯李某和刘某在外面虽然不认识,但是两人的家离得不远,算得上半个老乡。平日两人关系较好,约好出去后一起做生意,互留了联系电话和家庭住址,并隐晦地告诉家人会有朋友联系家里,希望家人接待。李某释放日期比刘某早半个月,释放后他直接找到罪犯刘某家,谎称自己是刘某所在监狱的民警,以能帮助刘某混得舒服为幌子,向刘某的家属索要钱财。刘某家属参加过监狱举办的防诈骗讲座,以需要向监狱核实为由,拒绝了李某的要求,避免了财物损失。

为了让生活回归简单和纯净,就必须戒除恶习、远离"损友"。用坚强的毅力坚持好的生活习惯,慢慢积累好的经验,不要大步跨越,不要急于求成。只有逐步积累,才能不断得到鼓舞与激励,进而彻底改掉恶习。

坚守底线,乐交诤友

朋友要交,但心中要有数。这个数就是指对所交往的人要有判断力,谁是真正的朋友,谁不是,心里应该有杆秤。不管跟谁交往,自己的内心都要有一个底线。有句话说得很好:"重要的不是你是什么样的人,而是你和什么样的人在一起。"和什么样的人在一起,就会有什么样的人生。和乐观的人在一起,人生就充满阳光;和快乐的人在一起,嘴角就常带微笑;和奋进的人在一起,就有了前进的动力;和豁达的人在一起,处事就不小气;和睿智的人在一起,遇事就能做出正确的决断;和聪明的人在一起,做事就变机敏。

交友要交益友,何者为益友?但凡能对自己的过错提出中肯意见的朋友,可以称为"益友"。明代文学家苏竣把朋友分为四种类型:"道义相砥,过失相规,畏友也;缓急可共,死生可托,密友也;甘言如饴,游戏征逐,昵友也;利则相攘,患则相倾,贼友也。"他把"道义相砥、过失相规"列为交友的最高层次,是颇有见地的。人不可能永远不犯错误,免不了要做出违背"道义"的事,这时能出来"相砥""相规"指正你、批评你甚至不惜与你脸红的人,才是你的益友,才是真朋友。损友则是对自己有害的朋友,对自己的品行产生不良影响的朋友,交友不慎可能是走上犯罪道路的"助推器",甚至使人再次堕入深渊。

所谓"诤友"就是勇于当面指出缺点错误,敢于为"头脑发热"的朋友"泼冷水"的人。诤友之所以可贵,就在于他们能以高度负责的态度,坦诚相见,对朋友的缺点、错误绝不粉饰,敢于力陈其弊,促其改正。如果能结识几个诤友,那么前进的道路上,就会少走弯路。

"人非圣贤,孰能无过?"谁都不可能是"足金完人"。失误总是难免的,但由于是"当局者",犯错误还往往不能自知。这时如果没有"旁观"的诤友直言相告、提出批评,就可能迷失方向、误入歧途,后果不堪设想。如果身旁有了诤友,就能在诤友的帮助下,迅速地从错误和混沌中解脱出来。

【名人故事】

唐太宗李世民是一位贤明的帝王,缔造了"贞观之治"的历史功绩。他最让人注目的品格莫过于他那广开言路、结交诤友的豁达。在他的身边,魏征、房玄龄、长孙无忌、杜如晦等人既是臣子,又是他的诤友。对唐太宗的言行得失,他们直言不讳,魏征更是以直谏敢言著称。据史料记载,他曾先后向唐太宗陈谏200多次,曾多次在朝堂上以死相谏。"以人为镜"的唐太宗,用诤臣,交诤友,开言路,明得失,从而成就了盛唐伟业。凡是想成就一番事业的人,都十分重视交结诤友。

结交诤友,必须有博大的胸怀和容纳诤言的气度。诤友都是耿直之士,对他人身上的缺点和错误是绝不容情的,往往是直截了当地指出、一针见血地批评,不会拐弯抹角的"艺术"。因此,倘若没有唐太宗"从谏如流"的气度,就会把他们的"逆耳之言"看作找茬、刁难人,不但不会结成诤友，反而会给"小鞋"穿，甚至排挤、打击他们。

结交诤友，必须有正视自己缺点和改正错误的勇气。一个"讳疾忌医"者，是不可能让诤友"刮骨疗毒"的。这种人文过饰非，喜顺恶逆，对于诤友之言不以为然，我行我素，即使知错也不肯改。诤友只好离他而去。

远离"损友"，乐交诤友，学最好的别人，做最好的自己，才是正确的交友之道。

思考题

实际生活中，你身边哪些人要远离？哪些人可以成为朋友呢？

第五节　重拾诚信，笑对生活

子曰："人而无信，不知其可也。大车无輗，小车无軏，其何以行之哉？"[1]

——《论语·为政》

有句俗语说得好：人生不如意事，十之八九。人生活于社会这样一个庞杂的系统中，往往会遇到许多不如意、不顺心的事，会产生各种各样的矛盾。对于身陷囹圄，脱离社会，即将获释的罪犯来说更是如此。迅速回归并融入社会，要求刑释人员应表里如一、言行一致，重新建立起家人、朋友、社会对自己的信任和尊重，以更加积极乐观的人生态度面对生活，解决实际问题。

真诚，打开沟通之门

面对歧视，也许你更多的是不满和愤怒。但是，这些不良情绪并不能使情况有所改观，反而有可能干扰你既定的计划、平静的心态和稳定的生活节奏，这也往往是仇恨的根源。因此，我们必须调整好自己对待歧视的态度。首先，我们要认可歧视的存在。歧视来自别人，你无法直接控制别人的想法、看法，但是你可以控制自己的想法，对别人的歧视你尽可能地淡然处之。其次，尽可能地去理解别人对你产生的误解、歧视和不信任。中国有句话叫"一朝被蛇咬，十年怕井绳"。对于曾经的伤害，亲人对你的不信任也是可以理解的，而且也是正常的反应。如果亲人都会不信任，更何况那些不了解你的人呢？别人只能看到你服刑的

---

[1] 孔子说："人要是失去了信用，不知道他还可以做什么。就像大车没有车辕与轭相连接的木销，小车没有车杠与横木相衔接的销钉，它靠什么行走呢？"

经历,那是你曾经犯下的过错,但每个人的过往,无论好坏,都在影响着现在的生活。而且,对于你的现在,别人并不了解,要求所有人在你犯了错之后无条件地原谅你、信任你,这本身就是强人所难,而且是不现实的。最后,用行动证明自己的改变,为社会创造更大的价值。只有当你用行动让别人看到你的改变时,你的过去才能成为真正的过去。信任的建立是点滴积累的过程,对此我们要有耐心。

【案例链接】

潘某,27岁时,因犯盗窃罪被判刑10年;38岁时,他又因盗窃罪、诈骗罪,再次被判刑10年。因为表现较好,减刑2年。46岁时,距出狱还不到1年,他又因盗窃罪、贩运伪造国家货币罪等罪行,被判刑10年。今年60岁的潘某,在牢里度过了近30年,也跟"重新开始"这个念头纠缠了近30年。他试过炸臭豆腐、卖水果、拉货、蹬三轮。然而,春节刚过,他又因为冒充"介绍生意的能人"招摇撞骗,开始了自己的第4次刑期,这次是2年。"如果我还能从监狱里出去,我希望能够重新开始。"面对主审法官,潘某神情怅伤。在每次出狱后,潘某也都曾想着改过自新,重新开始,但是面对找工作的困难,面对周围人的"另眼相看",面对亲人怀疑的目光,让他一次次对生活感觉无望,最终丧失了对法律和道德的坚守。

经过改造,有些刑释人员同潘某一样,一方面,初步具备了守法公民应有的一些积极的心理特征,那些曾经支配罪犯行为的负面心理已经被初步扭转;另一方面,这些积极的特征还不牢固、不完善,还很脆弱。而那些构成犯罪心理的不良因素,有的仍残留着,如同病菌,一旦条件成熟就会迅速感染、传播。因此,每当刑释人员遇到具体问题无法解决时,特别是当受到社会歧视、团伙教唆时,渴望新生的新我和过去那个旧我,梦想暴富的理想与生存困难的现实就产生了激烈的冲突。斗争的结果,或坚定信念,抵抗诱惑,脚踏实地;或放弃追求,重操旧业,随波逐流。

乐观，迎接新的生活

刚出狱的人在满怀希望与信心想干一番大事业的同时，又不可避免地常常会遭到周围人的不理解和歧视，很多人对他们持有防备心理而不愿意与他们交往。这种对刑释人员的歧视和社会偏见是在所难免的。当你不能改变环境的时候，就要去试着适应环境。没有人能够随心所欲地改变环境，要做的、能做的是改变自己，改变自己看待世界的角度，让自己去适应环境，进而去影响环境。如果出了问题不从自己身上找原因，而是一味地抱怨、怨恨，想方设法地去改变环境，改变别人，结果只会把自己弄得头破血流。一个人的社会评价是由自己的行为造成的，每个人都要为自己的行为付出代价。这个代价是多种多样的，当你触犯了刑法，伤害了他人，那么社会和他人对你的评价自然会降低。这是自然规律，无可厚非。作为刑释人员对此也要理智、冷静面对，用行动来证明自己。

【案例链接】

田某曾是一名刑满释放人员，出狱后开了一家汽车装饰商店。他在一次特大洪灾中连救14人，不顾自家汽车装饰商店被淹、产生巨额损失的危险，主动动员和帮助别人撤离。邻家商店卖木工机器的小宋不肯撤离，原因是机器搬运已来不及了。在田某的劝说下，小宋决定撤退，田某开车将小宋和其家中9人送到山上避险。返回市区途中，遇到了一个背着大包裹的老大娘。田某二话没说，又把这位大娘送到了山上。下山时，又遇到4名避险市民，田某又用自己的车把这4人送到山上。这时，齐腰深的洪水已淹没市区，他已失去抢救自己财产的最佳时机，导致自家商店被淹的汽车装饰材料损失高达 15 万元。田某的义举胜过千言万语，他用自己的实际行动向人们展现了灾难面前舍小家顾大家的壮举，在这样的事实面前，谁还会在乎他的过去呢？

对于刑释人员而言，重新融入社会并开启新生活是一个充满挑战的过程。保持乐观心态，制定明确目标，自信规划生活，有助于逐渐走出阴霾，迎接美好的未来。

思考题

回归社会后，你可能会遇到什么样的问题呢？你会如何应对呢？

推荐书目

1. 《杀死一只知更鸟》，哈珀·李著，高红梅译，译林出版社 2012 年版。
2. 《法治的细节》，罗翔，云南人民出版社 2021 年版。

推荐电影

《百元之恋》（2014 年），武正晴执导。